这样教语文更有效

高中语文灵动课堂教学艺术

杨华当

著

CS|湖南人民出版社·长沙

图书在版编目（CIP）数据

这样教语文更有效 / 杨华当著. —长沙：湖南人民出版社，2023.11

ISBN 978-7-5561-3355-0

Ⅰ．①这… Ⅱ．①杨… Ⅲ．①中学语文课—课堂教学—教学研究—高中

Ⅳ．G633.302

中国国家版本馆CIP数据核字（2023）第199283号

这样教语文更有效

ZHEYANG JIAO YUWEN GENG YOUXIAO

著　　者：杨华当

出版统筹：陈　实

监　　制：傅钦伟

资源运营：湖南中教出版传媒有限公司

责任编辑：张玉洁

特邀编辑：刘　缘

产品经理：冯紫薇

责任校对：谢　喆

封面设计：董严飞

出版发行：湖南人民出版社有限责任公司［http://www.hnppp.com］

地　　址：长沙市营盘东路3号　　邮编：410005　　电话：0731-82683357

印　　刷：湖南凌宇纸品有限公司

版　　次：2023年11月第1版　　　　印　　次：2023年11月第1次印刷

开　　本：880 mm×1230 mm　　1/32　　印　　张：11.125

字　　数：170千字

书　　号：ISBN 978-7-5561-3355-0

定　　价：58.00元

营销电话：0731-82221529（如发现印装质量问题请与出版社调换）

序

　　在业从教的几十年时间里，我结识了一大批中小学语文教师，也交了不少语文教师朋友。但是，跟湖南省新宁县第一中学高中语文名师杨华当的相识与交往过程是最为独特的。

　　2017年，长沙市某网站策划了一个作文类的征文活动，名字叫作"中学师生同题作文"。当时师生们参与热情很高。一众专业人员经过初审、复审，终于选出五十篇文章参加最后的排名赛。活动组织方隐藏了五十位作者的身份信息，邀请我来主持最后的排名定序工作。我与其他几位评委非常认真地——审读了这些文章，先是各自排序，然后集体讨论。当评委们把各自的排序结果表拿出来的时候，令人惊奇的一幕出现了：每张表格上排名第一的都是同一篇文章。真是英雄所见略同！我们急切地想知道，这篇文章的作者到底是怎样的一个人，是一位中学生，还是一位中学教师？工作人员查对后，明确告诉我们：作者是一位中学语文教师，所属单位是新宁县第一中学，姓名是杨华当。这是我第一次见到"杨华当"这个名字，只是还无缘与本人见面。当然，我也记住了"杨华当"这个名字。该征文活动的组织者介绍说，杨华当老师一直在关注作文教学，并且时常会针对自己在网络上看到的中学生作文进行修改与点评，十分敬业和专业，其对语文教学的那一片热忱令他们非常感动。

2019年1月，湖南省教育厅邀请我去评审职称，我刚好有空，就欣然应下了这件事。到了评审场地，我才知道是评审湖南省中小学正高级教师职称。在参评教师名单里，我第二次见到了"杨华当"这个名字。虽然似曾相识，却又不甚清楚，直到我翻阅了参评资料，才了解杨老师的成长经历与专业业绩，不禁肃然起敬。我本来可以在面试环节见到杨华当老师本人的，但是，由于被分在了校长组做面试官，我便错过了这一次见面的机会。不过，"杨华当"这个名字给我留下了更为深刻的印象。

2019年6月，湖南省教育厅决定评选首批中小学"芙蓉教学名师"，我再次应邀前往参与评审工作，并且主持整个文科大类参评教师的评审投票。到了评审场地，拿到材料时，我第三次见到了"杨华当"这个名字。我知道，有缘之人，迟早都会见面的。在这次评审的面试环节，我终于见到了钦佩已久的杨华当老师。面试那天，或许是因为天气比较热，又或许是因为考评的紧张气氛，许多老师进场时都是满头大汗，而杨华当老师出现在我的眼前时，却是那样的与众不同。他个子不高，一米六几，身体没有发福，因而显得有点瘦小，黑发、长脸，笑容可掬。他穿戴朴素，大眼镜、白衬衣、黑裤子、亮皮鞋，走进评选场地时从容自信，不带丝毫胆怯。我们五个评委一共问了他三个问题，他对答如流，如愿以偿地成为"芙蓉教学名师"。

2020年，湘粤两省的一次省际联合研修活动在新宁县第一中学举行。活动组织者邀请我一同前往，东道主杨华当老师也打来电话热情邀请。于是，我来到了杨华当老师成长与工作的地方。会议期间，从领导对他的倾情支持中，同事对他的主动协助中，同乡的积极参与中，他的学生的活泼表现中，我都感受到了他的影响力。

2022年，在邵阳市隆回县第二中学举行的一次省际联合研修活动中，我再次见到了杨华当老师。他郑重地告诉我，他最近写了一本书，跟出版社谈好了，准备出版，想让我作个序。这样的美事，我当然不会推辞。隔了十来天，他又专程到长沙拜访我，再次郑重地邀我作序，我当即明确地答应下来。大约一个月以后，他给我发来了书稿的全部内容。

我仔细拜读，发现整本书都是他基于自己多年的思考与教学实践经验写成的，既有理性的观点阐释，又有感性的亲历描述；既有对已经发表的论文的升华重构，又有对讲座内容的书面提炼，更有大量亲身实践的课例展示，可谓丰富多彩。整本书构思精巧，先阐述他提出的"高中语文灵动课堂"的含义，再点明"高中语文灵动课堂"的基本特征，然后以具体生动的教学案例展现其"高中语文灵动课堂"的教学艺术。按照我的理解，他提出的"灵动课堂"的基本含义是：以灵性的教学理念，造就互动的课堂，让高中语文课堂生动起来，使师生在课堂上"连续地动起来"，并逐渐养成"终身能动"的习惯。这样的"灵动课堂"具有这些基本特征：能提供展示才华的场所，能使参与者变得机智灵动，能培养批判质疑精神。我想，作为一线高中语文教师用心血写成的著作，这本书一定凝聚了他几十年的经验与智慧，也必定汇总了他几十年的成绩与反思，还定然聚合了他几十年的旁观与自省。

其实，"教学"一词可以有多种理解，既可以看成一个联合词，即老师的"教"和学生的"学"同时共处或者异时各在的行为方式；也可以看成一个偏正词，即"老师教学生学"的同时互动的活动方式。"课堂教学"，一般作为偏正词来理解，即师生在课堂上同时互动的活动方式。仔细分析，师生的互动大致表现为三种形态：一是老师走在队伍前面引领着学生来学习；二是老师走在队伍后面督促着学生来学习；三是老师走在队伍旁边陪伴着学生来学习。最近，江西师范大学的孙锦明教授依据杜威的实用主义教育哲学原理对"教学"一词提出了新解。他说，教学即"叫学"，是老师叫学生来学。"叫"的意思是老师通过创设教学情境，激发学生的参与热情；"学"的意思是学生积极参与活动，协同老师解决生活问题。二者组合，这个"叫学"的意思便是：让学生在老师营造的氛围中自发主动地参加活动、解决问题。可见，无论是被理解为偏正词意义的"教学"，还是孙锦明教授所谓的"叫学"，教学的本质都是师生同在、灵性互动。课堂教学更是如此。而课堂教学艺术，则是在师生灵性互动的过程中生发出来的教育智慧和教学技艺。

与义务教育阶段的语文课堂教学相比较，高中的语文课堂教学，一向都是相对"安静沉闷"的。一是因为处在青春期的高中生自我意识增强了，不愿意在众人面前表现自己。面对老师的提问，即便他们知道答案也不想主动说出来。他们更愿意安安静静地听老师讲，然后再按老师的要求来做，因而难以跟老师形成互动。二是因为高中的语文老师有升学的压力在身，唯恐给学生讲少了，加之竞争的心态驱使其将知识讲深讲透，因而不知不觉地放弃了跟学生的互动，把师生互动的课堂变成了师讲生听的地地道道的讲堂。现实生活中，甚至有不少的高中语文老师把小学和初中语文老师们的课堂问答交流和师生互动探究看成"雕虫小技"，或者是浪费课时的"花样招数"与中看不中用的"花拳绣腿"。看重高中语文课堂师生灵性互动的当属少数，而像杨华当老师这样讲究高中语文课堂灵性互动教学艺术的，更是少之又少。他把自己的思考写出来，同时结合自己的实践案例予以分析论证，这些内容对于广大高中语文老师无疑是有启发与借鉴意义的。

但愿此书能使高中语文课堂更富有灵性，为其增加更多的互动。

是为序。

张良田

2022年9月8日

（**作序者简介**：张良田，博士，湖南师范大学文学院教授、语文课程与教学论学科负责人，湖湘语文教育研究中心主任，教育部"国培计划"专家库专家，国培计划全国明星讲师，湖南师范大学"十佳师德标兵"，全国基础教育教学成果奖评审委员，教师教育精品课程评审委员，中国高等教育学会语文教育专业委员会会长，湖南省中学语文教学研究会会长。）

目录

第一章　语文教学呼唤灵动课堂

时代呼唤语文灵动课堂 ·003

高中语文灵动课堂教学艺术概说 ·012

让语文课堂充满"灵"性 ·026

让语文课堂充满"动"感 ·041

第二章　灵动课堂的建构艺术

守住课堂阵地，尽展师生才华 ·057

小组合作探究学习模式的创新 ·066

演读法在古诗文教学中的运用 ·075

让课堂闪耀批判性思维的火花 ·085

批判性思维在常态阅读教学中的落实 ·097

批判性思维在常态作文教学中的落实 ·114

发挥教学智慧，营造灵动气氛 ·125

练好自身功，上好灵动课 ·138

第三章　**灵动课堂教学设计精选**

《登泰山记》教学设计（第二课时） ·153

《装在套子里的人》教学设计（第二课时） ·161

《雷雨（节选）》教学设计（第二课时） ·175

《与妻书》教学设计 ·185

《齐桓晋文之事》教学设计（第二课时） ·193

《中国建筑的特征》教学设计 ·204

《实践是检验真理的唯一标准》教学设计 ·212

《芣苢》《插秧歌》群文阅读教学设计 ·223

《记念刘和珍君》《为了忘却的记念》群文

　阅读教学设计（线上教学，第二课时） ·234

"青春礼赞"诗歌交流系列活动教学设计 ·244

《乡土中国》整本书阅读教学设计　　·250

《说真话，抒真情》作文指导教学设计　　·258

第四章　**灵动课堂教学实录精选**

《将进酒》课堂实录　　·277

《百合花》《哦，香雪》课堂实录（第四课时）·287

"探究小说自然环境描写的作用"课堂实录　　·298

"写景抒情诗复习"课堂实录（节选）　　·309

"面对焦虑"辩论赛课堂实录（节选）　　·316

"抗疫时代的责任与担当"作文讲评课堂实录

（线上教学）　　·326

后记　　·339

第 一 章

语文教学呼唤灵动课堂

时代呼唤语文灵动课堂

很多事情，只有正在做或者曾经做过的人才懂。

语文老师的处境很尴尬：

为人们所津津乐道的那些"名师"，多数是理科老师，很少有语文老师；

学生做其他学科的题目读不懂材料，该科老师不免会质疑，语文老师是怎么教的；

在不少同行的眼中，语文老师是最容易当的，甚至任何一科的老师都可以教语文；

有的语文老师自己都不喜欢教语文，因为花费了很多时间和精力却收效甚微。

…………

语义学科的处境很尴尬：

家长们都竭尽全力为孩子提供课业辅导，却鲜少有人重视语文课，除了受学科特点影响，语文成绩无法在短时间内取得明显提高外，更主要的是，没人认为语文有多重要；

很多学校从高二，有的甚至从高一就开始给各科增加课时，却很少有给语文加课时的；

"学好数理化，走遍天下都不怕"，这句话如今还很有市场，而其中也暗含了这样的信息：语文的重要程度不能与数理化等学科相提并论；

真正对语文感兴趣的学生不到三分之一，读过四大名著的学生寥寥无几，语文课上做其他科作业的大有人在。

…………

出现以上现象，与我们部分语文老师的课堂不无关系。

1.身体力行，我们做得还不够

我们的课堂教学改革已经推行很多年了，而且早已经开始第三代课改。然而，很多事情并不如我们所料的那么顺利。

不可否认，在很多学校，特别是偏远地区的农村学校，教师无视学情"一讲到底"的现象仍广泛存在；学生在课堂上自由散漫，缺乏学习的积极性和主动性；师生缺乏交流，课堂气氛沉闷；学生缺乏思考，主体地位被剥夺；大部分语文老师的教学还局限于传统教学模式，或者局限于对他人的模仿。究其原因，或是教师年龄偏大，难以适应新的课改形势；或是入职不久，找不到课堂教学的好方法。以某县为例：该县现有高中语文教师106人，其中45岁以上的75人，约占总数的71%，30岁以下的15人，约占14%。年龄比较大的老师基本局限于传统的语文教学模式，疏于课堂教学改革，而年轻的老师又缺乏专业的指导和引领，不敢变革。

我认为，解决这一问题的关键在于课堂改革。语文教学要实现真正意义上的改革，就要从调整语文老师在课堂上的教学行为开始。如果不改变课堂教学的方式，其整个教学流程都只会越来越落后于时代的发展。

深圳市特级教师、正高级教师，悬念语文教学法创始人何泗忠先生把语文课堂概括为五个层面，值得我们深思。

第一层面表现为陈述式，学生难受，思维不动；

第二层面表现为问答式，学生忍受，思维被动；

第三层面表现为炫酷式，学生接受，思维波动；

第四层面表现为互动式，学生感受，思维主动；

第五层面表现为陶醉式，学生享受，思维互动。

我们不少语文老师打造出的课堂还停留在第一、二、三层面上。正如何老师所说，我们的语文课堂，在内容上，太过浅表化，缺少厚度、深度、高度，不探究或很少探究语言之美、文章之美、文学之美、文化之美；在形式上，太过程式化，缺少生气、缺少奔放、缺少酣畅、缺少飞动、缺少癫狂、缺少波澜。

总之一句话，我们的课堂缺乏灵气、缺乏灵动、缺乏灵感，很难让人嗅出真正的"语文味"。

2.学习方式，课堂改革自此始

改革语文教学方式，要从改进学生的学习方式开始。

从教学规律来看，教学活动是一个以课程内容为中介的师生双方积极参与、交往互动、共同发展的过程，学习的主人是学生，有效学习的策划者、组织者、指导者、参与者则是教师。教学要遵从教育的规律，要通过师生互动、生生互动等多种方式来实现教学相长。

从学科特点来看，语文教学要全面提升学生的语文素养，特别要注重培养学生的创新精神和实践精神；要积极倡导自主、合作与探究的学习方式；要实施个性化教学，要以"百花齐放，百家争鸣"的教学方式展现自己的特色与风采；要强调感受、体验、合作，注重思考、表现的学习方式。另外，我们必须改变课程实施过于强调接受学习的方式，倡导学生主动参与、乐于探究、勤于动手，也就是要转变学生的学习方式，强调体验性学习。

学生学习时要用脑子去想，还要用眼睛去看，用耳朵去听，用嘴巴去说，用双手去操作，用心灵去感悟。这不仅可以帮助学生理解知识，更能激发学生的生命活力，促进学生的成长发展。因此，课程标准中提出了体验性目标，强调操作、实践、考察等活动，尤其强调教师要重视学生直接经验的获得，尊重学生的个人感受和独特见解。

从语文课堂教学现状来看，我们相当一部分语文课堂的教学实效还未达到预期标准，与时代的要求存在较大的差距。不少语文老师坚守"以不变应万变"的原则，很少研读课标，基本上就是拿着教材直接上课，而不在"教程"上下功夫。这是一个不争的事实：我们的高中语文教学，很大程度上还停留在"灌输式""讲授式""问答式"等层面。广东省正高级教师何国跻先生把语文的"异象"课堂分为四类：自语式课堂、自答式课堂、自炫式课堂、自嗨式课堂。我们的课堂应该是学生学习知识的起点，是学生思维的发展点、灵感的迸发点、学习能力的生长点。我们的课堂缺乏的是学生参与、自主、合作、探究的灵动。

3.顺应时代，课堂改革谋出路

作为老师，在教学方面听得最多的一个词，可能就是"教学改革"。其实，我们的课堂教学改革经历了三个阶段：第一代课改，以"改结构"为典型特征，目的是实现课堂教学从低效到高效的跨越；第二代课改，以"改关系"为典型特征，目的是实现课堂教学从以"教"为中心到以"学"为中心，从以"师"为中心到以"生"为中心的跨越；第三代课改，以"改意义"为典型特征，目的是实现课堂教学从关注知识和能力到关注智慧和生命提升的跨越。

我们正在经历的是第三代课改。第三代课改强调的是创生教育，强调从课堂走向课程，从教学走向教育。

创生的"创"，就是要求学生能深入质疑而创学，合作探究而创新，学以致用而创造。创生的"生"，包含生存、生命、生活、生成等多重含义，即强调课堂生成，关注人的生命、生存、生活。

在创生教育背景下，教师应该引导学生主动、积极地参与其中，要让学生有表达的自由、有判断的权利、有想象的空间、有创新的机会，让学生享受整个学习过程；创生教育强调以学习者为中心，给学习者更多的选择，以此开拓更广阔的成长空间。在创生教育的背景下，如果我们一味地故步自封、停滞不前，就会被时代抛弃、被社会淘汰。

以高中语文教材为例。统编新版高中语文教材已在全国大部分省市推行。新教材除了课文外，几乎每个单元都单独安排了单元学（研）习任务，而且还安排了阅读、语文综合学习活动等内容；除了单篇教学外，还有大量的群文教学。如果我们还是仅仅按照传统方法来教，我们的语文教学终将走进死胡同。

在教《装在套子里的人》这一课时，我曾尝试着在两个班级运用不同的教学方法。

在高376班，我采用传统的教学方法：介绍作者和时代背景；安排学生读课文厘清情节结构；讲解重要字词；分析课文各大部分；归纳主题，总结写作特点。整个教学流程都很顺畅，学生也没提出什么异议，自我感觉也良好。

在高377班，我尝试采用新的课堂教学模式：安排学生介绍契诃夫的生平及本文的写作背景；让学生组成"别里科夫之死专案调查组"，讨论合作，写出调查报告并交流；组织各小组宣读调查报告，我在一旁适时点评，鼓励创新；引导学生讨论别里科夫的形象和小说的主题及现实意义。教学流程走到这一步，令人意想不到的场面出现了：学生们争论别里科夫的死因时异常活跃，有的同学甚至争论得面红耳赤；各组的调查报告异彩纷呈，各具特色；同学们对小说主题和作品的现实意义的理解清晰准确，独到深刻……那天，正好主管教育的副县长在学校领导的陪同下来我班视察。课堂上学生们出色的表现、灵动的课堂气氛，让听课的领导们惊服，连我自己都没想到这节课上得如此成功。

4.灵动课堂，发挥优势正当时

课堂教学改革的方式很多，但根本的目的只有一个，那就是要发挥学生的主体性，培养学生的思维能力，以有"灵性"的教学打造充满生机和活力的现代教学课堂，让课堂"生动"起来，让学生的口与脑"互动"起来。

在这种背景下，构建灵动的语文课堂显得尤为重要。

我带领的"松心契"小团队在参加湖南省第二届集体备课大赛时，选择了《将进酒》这首诗歌。我们的初稿设计，主要考虑让学生讨论一些问题，如：开篇两句在写什么？用了什么修辞手法？有什么效果？你能找出劝酒的理由吗？为什么要说"主人何为言少钱"？教学基本停留于问答层面，课堂上学生活动较少，学生的主体地位体现得很不够，课堂缺乏灵动性。

在修改时，我们大胆地缩短了师生问答环节的预设时长，新增加了两个环节：（1）学生自主探究：通过_____

_____（具体诗句），我感受到了李白的_____；

（2）师生配合，在多媒体（音乐）背景下演读全诗。

我们的改动发挥了实效，特别是在进行第二个环节的教学时，掀起了整堂课的高潮：老师与学生在背景音乐中的演读入情入境，师生的情感随着音乐的起伏不断变化，从而将诗歌饱满的情感抒发得淋漓尽致。师生配合默契，教学效果也非常好。

苏霍姆林斯基认为，课堂是一个人追求成为思想家的摇篮。教师有什么样的教育思想，就会教育出什么样的学生。语文教师在教学中要紧紧围绕新课程理念，让灵动的思想贯穿每节课，让智慧的火花闪现在每个学生身上。如教师可以在课堂上用声情并茂的朗诵感染学生，可以通过创设情境让学生自觉"进入"文本，可以让学生扮演课文中的人物亲身体会其思想感情等。这些方法都能体现出灵动课堂的特点，提高课堂教学的实效。

高中语文灵动课堂教学艺术概说

　　课堂是教学的主阵地，是育人的中心点，什么样的课堂培育什么样的学生。课堂教学的最高境界是要唤醒学生沉睡的心灵，激发学生的潜能，使学生养成良好的行为习惯，练就一身过硬的本领。

　　那么，语文课堂该怎样顺应形势的变化呢？在新的教育背景下，我们需要创设什么样的课堂？语文课堂教学呼唤的又是什么？这些年来，不少有识之士进行了很多有益的探索，也提出了很多颇有见地的新理念。比如广东省特级教师、正高级教师邹天顺老师的"生态课堂"，以"尊重个性、唤醒觉悟、激扬生命"为宗旨，意在实现语文生态与生活的有机关联，将语文教学的"内生态"与语文教育的"外生态"有机结合与调试，构建语文教育教学的良好生态。其他如"生命课堂""诗意课堂""语文味课堂""原点课堂""表达课堂""先学后教课堂""学本课堂""创生课堂""生成课堂"等，都值得我们学习与借鉴。

语文课堂教学没有固定的模式，也没有统一的标准，但有一点是毫无异议的：教学要能使学生的思维发生碰撞，要能促使学生的大脑迸发智慧，要能让学生在课堂上"动"起来。这样的课堂才是成功的课堂，这样的课堂教学模式才是值得推广的教学模式。所以我觉得，我们应该把"灵动课堂"作为课堂教学的理念：课堂要注重突出学生的主体地位，注重培养学生的思维能力，注重让学生积累实践经验，以有"灵性"的教学营造充满生机与活力的现代教学课堂，让课堂"生动"起来，让学生的口与脑"互动"起来。

1.什么是灵动课堂

"与其点燃学生的智慧火花，不如让学生迸发智慧的火花。"这句话告诉我们，有冲击力的智慧火花源自个体或群体的内在爆发力。"点燃"要凭借外力的帮助，是被动的；而"迸发"则是靠内力的爆发，是主动的。身为教育者，不难发现：好动、善交际的学生，进入社会后普遍比较有作为；而喜静、守陈规的学生走进社会后大有作为的比例相对偏低。究其原因：好动者，思维活跃、信息灵通、善借外力；好静者，思维固执、信息闭塞、孤军作战。尽管这样的归纳并不绝对准确，但不可否认，有一定道理。这一现象启示我们：灵动课堂优于"陈规课堂"，灵动课堂更能铸就精彩人生。

灵动课堂的核心理念是激发学生的主观能动性，让学生全员、全程、全面"动"起来。灵动课堂包含两个层面：一是课堂要充满灵性，即课堂要有精神、有活力、过程流畅、活动丰富等；二是课堂要充满动感，即课堂上有动的视觉效果，注重知识、技能、情感的动态生成。

灵动课堂中的"灵"是指教师的教学方法、手段要灵活，能使课堂灵动，使学生富有灵气；"动"是指自动与互动相结合，使教学达到心随课动、课随心动的境界。

就怎样解决长文短教的问题，我曾做过不少尝试。

统编新版高中语文选择性必修中册第二单元安排了一次群文教学，有《荷花淀》《小二黑结婚（节选）》《党费》三篇小说，我只用两个课时就教完了。

我主要设置了以下几个教学环节：

活动引领。为了纪念"一二·九"运动85周年，激发同学们的爱国情，我校特举办了"弘扬革命精神，传承红色基因"系列活动。请同学们以小组为单位完成下面的任务（进行小组课外合作探究，充分讨论后在课堂上做集中展示）。

任务一：从三篇小说中选择最触动你的故事向同学们讲述，要求点明主要人物，厘清事件的起因、经过、结果。

任务二：分享你们组选择该故事的原因，可以从小说的背景意义、环境描写、细节描写、语言特点、作品风格等方面进行分析。

任务三：请你为学校文学社刊物《凝秀》"新生"栏目写一篇人物短评，从水生嫂、三仙姑、黄新三个人物中选择一个。

任务四：学校将举办"品读革命经典，传承红色精神"座谈会，作为纪念"一二·九"系列活动的总结。请你谈谈，新时代青年应该如何继承和发扬革命传统。

课虽然上得不怎么样，课堂组织也有点混乱，但学生在课堂上的积极表现、讨论展示中不时闪现的智慧火花让我感到很欣慰。我觉得，尽可能让学生在课堂上多多展示他们的才华，是我们所有语文老师应该努力的方向。

2.灵动课堂的表现

高中语文灵动课堂没有固定的模式，应该根据不同的文体、内容、场合、学生来灵活选择。

《中国教师报》推出了2021年课堂改革十大样本：北京

市丰台第五小学教育集团"幸福交响课堂"、江苏省南京市长江路小学"品格课堂"、山东省青岛第二中学"互联网+教学"、华南师范大学教师教育学部"输出为本"教学范式、广东省深圳市福田区景秀小学"表达式学习"、浙江省温州市道尔顿小学"整理课"、江苏省锡东高级中学"创中学"教学改革、河南省禹州市启航教育集团"336学本课堂"、山东省淄博市临淄区实验中学"互动生成式"课堂、海南省五指山市杜郎口实验学校"六度"自主课堂。这些特别值得推广运用的课堂教学模式,在很大程度上都反映出了灵动课堂的特点。

●我个人在文言文教学上,大体采用这么几个环节:

第一个环节,教师引导。新课伊始,教师通过创设巧妙的教学情境引入新课,提出本课的学习目标,分配任务。

第二个环节,合作探究。每个学习小组分配其中的一段或者几段文言文作为探究任务,小组成员在自主学习的基础上集体讨论,达成共同意见。

第三个环节,课堂展示。由小组长带领组员进行展示,比如演读课文、解决关键字词释义问题、分析文章主旨等。在小组展示过程中,其他小组可以提出疑问,或进行评议补充,展示组则要积极回应质疑。

第四个环节,思考追问。引导学生进行深入思考,师生一起解决课文的重点、难点问题。

第五个环节，巩固提升。通过延伸拓展和课堂练习等，巩固加深学生对课文的学习印象，完成学习任务，达成目标。

●针对线上教学的相关问题，我的工作室在线上教学课堂的有效性与灵动性方面也进行了有益的探索。我们提出了任务驱动型线上教学模式，这种模式大致分为三个步骤：

第一步，上课前或上课中，教师向学生布置一定的分享任务，要求学生围绕指定的任务，通过网络和书本学习，尽最大努力创作自己认为最满意的作品。作品的呈现形式可以是文字、视频、音频、图片等。

第二步，针对这个任务，学生自主地开展各种线上线下学习，教师提供各种信息资源（包括直播课和录播课等）给予支持。

第三步，学生完成任务后，教师择优在线上课堂进行展示，其他的则在学习群里展示和分享。

无论采用什么样的教学方式，我们都要记住：一名优秀的教师，应该是一个善思考、有思想的人；一个灵动的课堂，应该是学生展现个性、绽放生命的舞台。真正充满活力与灵气的课堂，不是仅有独到的教学设计的课堂，而是教师用耐心和智慧，让师生之间碰撞出思维火花的课堂。课堂是学生快乐学习的场所，教师在课堂上创造生动、活泼又和谐的教育氛围，不仅可以激发学生的热情，还能激发学生的自主性、能动性和创造性，进而促使学生带着问题，精神饱满地、乐意自觉地以主人翁的态度积极参与。

我曾经把语文灵动课堂的特点概括为"三性"（说法有点粗俗，不登大雅之堂，诸君姑妄听之）：

尽情展示师生才华——展现灵动课堂的"骚"性；

引导响彻琅琅书声——展现灵动课堂的"狐"性；

不时点燃批判火花——展现灵动课堂的"理"性。

我曾戏谑，我们语文老师就是要做一只"骚狐狸"。

关于灵动课堂的这三种表现及其建构艺术，我将在后面的章节具体阐述。

3.灵动课堂的建构

"灵动课堂"的建构是灵活的，可以从多个方面着手，比如创设适当的时机、搭建交流的平台、变换分享的方式等。我个人觉得，主要可以从以下方面考虑。

（1）优化灵动教学设计

教师好比是一位导演，要想让学生入情入境地演好每一幕"课堂剧"，就要做好演出前的设计。教师在课前应吃透教材，根据班情学情设计好导案，拟定预期效果，安排好"动"的环节，设计好"动"的内容的梯度，预设好"意外动"的可能性及调控措施。教师在课堂上还要注意根据学生"动"的效果灵活地调整、增删内容，调节时间，确保"动态生成"的质量。

议论文和说明文的教学比较枯燥，为了调动学生学习的主动性和积极性，我常常想方设法地设计一些学生比较感兴趣的问题，以增强课堂的灵动性。

新教材必修上册第六单元第十三课安排了两篇文章《读书：目的和前提》《上图书馆》。为了激发学生的学习兴趣，我设置了如下几个教学环节：

第一个环节，限时发挥，狂写7分钟。要求学生写出自己读书求学的"滋味"，内容不限，但务求描述出自己的真实体验。

第二个环节，随堂展示，谛听7分钟。选择2~3人上台展示自己的作品，全体同学共同感受学习的"痛并快乐着"、酸甜苦辣。

第三个环节，自主阅读，猛说7分钟。在学生自由朗读课文后，选择两名同学分别介绍文章中两位名人的读书故事。

第四个环节，分析鉴赏，沉思7分钟。要求学生从文中找出自己最喜欢的文段或句子与大家分享，并说明理由。

第五个环节，总结提升，畅谈7分钟。让学生结合个人经历，畅谈学习本文的收获与感受，并将自己的学习收获整理成文发到班级网络学习空间。

（2）创设灵动交流平台

课堂是学生的舞台，教师要想方设法为学生搭建"动"的平台，比如引进竞争机制，让学生比学习方法、比学习效率、比学习作风等；还要为学生搭建展示学习成果的平台，搭建交流学习方法、学习收获的平台……通过一系列举措，为学生创设"亮剑""比武"的情境。

●《祝福》教学片段1：谁是杀害祥林嫂的凶手？

参考一位著名特级教师教《祝福》的方法，我也在课堂上向学生提问：谁是杀害祥林嫂的凶手？然后请学生当"法官"对案情进行分析。"当家做主"的学生纷纷指出凶手：或是自私伪善的鲁四老爷，或是将祥林嫂卖到山坳的婆婆，或是柳妈，或是卫老婆子，或是"我"。最后虽经我点拨，确认了凶手是封建礼教和封建迷信思想，却仍有一名学生认为凶手应该是祥林嫂自己，其理由是人的命运是由自己主宰的，祥林嫂虽挣扎和抗争过，但这种挣扎和抗争是无力的、不彻底的，所以她是自己把自己逼上了绝路。该同学的认识虽然与小说的主旨不太相符，但他这种敢于质疑、敢于发表自己独特见解的精神，是值得肯定的。

●《祝福》教学片段2：如果祥林嫂没改嫁，她的命运会怎样？

我所在工作室的核心成员倪冬云老师，她在教《祝福》，分析祥林嫂的形象时，首先指导学生结合小说的时代背景，明确祥林嫂的悲剧命运从根本上说是封建思想和封建礼教造成的。接着她向学生提问："如果祥林嫂的婆婆没有逼迫她嫁给贺老六，她的命运又会是怎样的呢？"同时要求学生对其后续发展进行设想。结果，有的说她将在鲁四老爷家当一辈子女佣，有的说她可能会身患重病不治而亡，有的说她可能会同闰土那样的老农相爱成家……学生们各抒己见，课堂气氛相当活跃。经过一番激烈讨论之后，师生一起反思、总结：不论祥林嫂是否被逼改嫁，不论故事情节如何发展，其悲剧命运都不可改变，因为她的悲剧是时代的悲剧，是旧社会封建礼教压迫下必然的结果。这也是祥林嫂这个形象的典型意义所在。通过搭建交流平台，通过学生的课堂讨论、探究、展示，既活跃了课堂气氛，又让学生的思想真正"动"了起来。

（3）注重灵动课堂引导

学生受阅历、经验的影响，在课堂上可能"不会动"或者"盲目动"。这就需要老师适时地、适当地加以引导：

在学生思维受阻、困惑不解时，引导其扩宽思路；在学生思维偏执、观点错误时，引导其回到正确的轨道；在学生思维局限、难以拓展时，引导其开阔眼界，活跃思维。比如，老师可以安排学生在阅读中捕捉文中信息、追加阅读问题；可以让学生在文章中学会圈画生字新词、精词妙句；可以让学生想象古诗词的情境图；可以让学生总结、交流某类题目的解题思路……让学生在"动"的引领下逐步学会"动"的方法，养成"动"的习惯。

教学《念奴娇·赤壁怀古》时，我特意设置了三个学习环节。

第一个环节，上阕写景，正面描写赤壁的美景，以引起对古代英雄人物的怀念之情。那么，写什么景？抒什么情？请用旁批式学习法，给上阕各句做批注，然后小组内推选出批注做得最好的一位成员，向全班展示。

第二个环节，思考这些问题："遥想公瑾当年，小乔初嫁了"，这个"当年"指的是什么？是具体哪一年？还是某个时期？在历史上，周瑜和小乔的故事到底是怎样的呢？"羽扇纶巾"在三国中通常是谁的装束？赤壁之战是否真的如词中所说"谈笑间，樯橹灰飞烟灭"？苏轼是北宋的大学士，是士林领袖，在文、史、哲、书、画各方面都有很高的造诣，为何偏偏在写《念奴娇·赤壁怀古》的时候，把诸葛亮的形象错套在周瑜身上，把周瑜纳小乔的时间记成了十年之后，把赤壁之战的紧张形势写得轻松愉快？是否是因为其在遭受"乌台诗案"后，精神错乱了？

第三个环节，为了让学生更好地体会作者在词中表达的感情，请学生演读全词，选出"最佳苏轼"。

（4）掌控灵动学习过程

公开课、竞赛课、研讨课，特别强调要"动"，但很多时候，这些课堂的"动"流于形式、浮于表面、作秀多于实际。有价值的"动"，要给足学生"动"的时间，让学生有时间品味"动"的收获，感悟"动"的价值；要为学生提供"动"的空间，使学生有机会自主参与"动"，有机会与学习小组的成员或"情投意合的学习伙伴"互动，领略"动"的优越性。灵动课堂的实质就是开放课堂的空间，让学生不但身心"动"起来，而且还能"深入"学习的不同层面，感受集体智慧的无穷。

但我们切不可高估学生的自控能力，在"动"的过程中难免有些人会"跑道儿"，这就需要老师适时掌控，要么近距离参与互动，要么借助温馨的提示语、善意的眼神、大方得体的手势进行暗示，还要及时制止学生的"不合道"行为。

《静女》教学片段：

静女其姝，俟我于城隅。爱而不见，搔首踟蹰。

静女其娈，贻我彤管。彤管有炜，说怿女美。

自牧归荑，洵美且异。匪女之为美，美人之贻。

诗歌好美。全诗描写了热恋中的男女青年约会时极富生活情趣的情景，写实性强，只言片语却细腻、传神地描绘了人物的感情变化："我"从"搔首踟蹰"、焦虑异常，到"说怿女美"、爱不释手。诗歌刻画了一个聪明可爱又娴静美丽的少女和一个憨厚且痴情的少年的形象，生动地表现了他们之间健康纯真的爱情，表达了古代劳动人民内心的朴实愿望。这是美好的感情在日常生活中的自然流露，所歌唱的也是他们生活中真实的快乐情绪，具有浓厚的乡土气息和生活情趣。其情感热忱、真挚、纯洁、朴实，全无庸俗虚伪之态，字里行间透着一种纯真之美。

诗歌赏析完毕，我向学生们提出了一个问题：你是如何看待他们的爱情的呢？你心目中所追求的爱情是怎样的呢？

我本意是引导学生明确爱情要真挚，要建立在重情轻利的基础上。可是这时有个男同学抛出了一番别样的"见解"：

"老师，我觉得那个男子的等待是永远不会有结果的，那个女子很可能会移情别恋跟别人跑掉。从诗歌中，我根本看不出，这个男子有没有钱，有没有权，有没有势。所以他很可能没钱、没权、没势……"

这样的回答实在是离题太远了，在价值取向上也甚为不妥，所以教师就要及时"刹车"，确保教学有序进行。

总之，灵动的课堂要以让"师生动起来"为前提，以"连续能动"为目标，以"终身能动"为追求。建构"灵动课堂"，是还学生本真的选择，是还教育事业本真的选择！

让语文课堂充满"灵"性

语文新课程改革，仿佛一缕春风，给语文教育带来了生机与活力。教育之春，芳草萋萋，万紫千红，语文教师也同样能感受到清新的空气扑面而来。新课程改革在为语文教师开创新天地的同时，也给语文教师的教学带来了新挑战。如何突破传统教学瓶颈、活跃课堂教学气氛、提高课堂教学效率，是每一个老师亟待解决的问题。

新课程改革强调"一切为了每一位学生的发展"，它必将改变学生的学习方式。作为教师的我们，应该构筑新的课堂，还学生以自由，还学生以情感，还学生以灵性、活力——我们的语文课堂理应充满灵性！

1.灵动的课堂应该是"注重生成"的课堂

叶澜教授认为，课堂应是向未知方向挺进的旅程，随时都有可能发现意外的通道和美丽的图景，而不是一切都必须遵循固定路线而没有激情的行程。课堂不仅是学生学习的地方，也是学生身心发展的天地。课堂教学过程应该是在正确价值观引领下的自主建构的过程，是真实自然的师生互动过程，是以动态生成的方式推进教学活动的过程。

课堂教学基本是按照老师的预设来进行的，但很多时候，学生不一定会完全跟着我们的思路来，这就要求我们要注重课堂生成，要能感觉到学生思维的火花在迸发，要让学生在课堂上有最精彩的表现。

课堂不可能十全十美，绝大多数是有缺憾的、有待完善的。学生的课堂发言很多时候可能与教师的课堂设计不一致，甚至有时候可能让教师感到窘迫。这时，我们就要注意抓住学生思维的闪光点，倾听学生的真实想法。很多时候，学生的想法虽然不一定完全正确，但绝对是真实的、有思考价值的。

这是本人执教《项脊轩志》的一个片段：

我把课文内容分析完后，安排学生们自主探究这篇课文给我们的启示，谁知这时有一个学生突然冒出了这样一个问题：

"'室仅方丈，可容一人居'的'项脊轩'，有必要'前辟四窗'吗？"

这时另一个同学也附和：

"'方丈'之室，空间极其狭小，'容一人居'又给了人以'小'的具体感受；古代一丈约为现代的三米，那么项脊轩的单面墙长约三米。房子的前墙必须开挖一个供人进出的宽约一米的小门，那么，剩下的两米多要开挖四个窗户，可能吗？"

我当时也是一脸茫然，只好跟学生说，老师课后再去查查资料，看能不能解决这个问题。后来我在一本画报上看到了相关介绍才知道，原来在江苏昆山一些比较闭塞的地方，还保留着一些比较古朴的习俗和传统：当地方言中尚存浊音尾，有"四窗""四门""四屏""四厨""四厢"等说法。"四窗"也叫作"四格窗""四角窗"，是指在墙面上开挖出来的方形或圆形的洞，中间用"十"字木条或用砖块隔成四个空间，故有此名。我想，归有光笔下的"四窗"，大概就是指在前墙开辟了一个"四格窗"吧。归有光是江苏昆山人，他的项脊轩是具有当地传统建筑特色的房子，因此，这样解释既符合当地的地方特色，又不与课文内容相悖。

这个小插曲告诉我们：永远不要低估我们的学生，有时候，他们的发现也会直指真理，出乎我们的意料。因此，我们的课堂应该允许学生充分发表自己的意见，允许他们充分讨论、质疑，学生的思维火花应被允许在课堂上随时迸发！

2.灵动的课堂应该是"激情四射"的课堂

教育需要激情，需要教师全身心的投入与无私的奉献。课堂上，教师要激情四射，要运用自己的学科魅力、艺术魅力、人格魅力去影响和感染学生，使课堂充满活力、内聚力和爆发力。课堂应该在教师的引领下，"活"化课文、"活"化知识，吸引所有学生的眼球，达到融情于文的境界。

课堂上，如果老师能用激情去演绎文本内容，那么我们的学生一定会更易于接受、更乐于接受。课堂上，我们需要给学生展现一个充满激情的教师形象，陪伴孩子们度过每一段激情燃烧的岁月！

不少语文老师，特别是年龄偏大的老师，他们知识渊博、认真负责，可就是不太受学生欢迎。究其原因，主要还是上课缺乏激情，课堂气氛沉闷，难以调动学生的情感。相反，课堂上激情四射的老师，永远是最受学生喜爱的老师。所以对于语文教学，"人民教育家"于漪老师认为，传之以情，以情激情，文字才能有血有肉，才不至于成为枯燥的符号。课文中所描绘的景和物、人和事，所倾注的情和意，所阐发的道理，有情才会叩击学生的心灵，在学生心中引起共鸣。

我的课堂有一个重要特点，就是几乎每节课都会设置一

两个令人融情、动情的环节。

●在上高中语文第一课时，我会声情并茂地带着学生朗诵：

当你听到一首扣人心弦的歌曲时，你会沉浸于歌词所描绘的优美境界，流连忘返，这就是语文的魅力；当你看到一幅雄浑的书画时，你会被其吸引，搜肠刮肚，想尽华美辞藻来赞美它，这就是语文的妙用；当你发表演讲、主持会议，滔滔不绝、引经据典、妙语连珠时，别忘了，这也是语文的功劳……

语文是琼瑶缠绵悱恻的小说——至情至性，深入人心；语文是余秋雨绚丽多姿的散文——带你我游历世界，做历史的思考者；语文是李白豪放飘逸的诗歌——浪漫俊逸，想象奇特，带你上天入地，与神仙结伴同游祖国山河；语文是苏轼波澜壮阔的词曲——豪迈豁达，心骛八极，带你评古论今，与哲人携手共探人生真谛……

看孔子在天下奔波，宣传自己的思想；看屈原在上下求索，探索救国救民之路，这就是语文。它能丰富我们的人生；它可以让我们修身、齐家、治国、平天下；它可以让诸位男士具有领袖风范——因为你腹有诗书气自华，胸怀天下，口吐莲花；它可以让诸位女士具有名流风范——因为你气质高雅，智慧超群，谈吐非凡。

●上《立在地球边上放号》这一课时，我会通过自己眉飞色舞、手舞足蹈、忘乎所以的演读来让学生感受诗歌的宏伟、壮丽、炽烈："无数的白云正在空中怒涌，啊啊！好幅壮丽的北冰洋的晴景哟！无限的太平洋提起他全身的力量来要把地球推倒。啊啊！我眼前来了的滚滚的洪涛哟！啊啊！不断的毁坏，不断的创造，不断的努力哟！啊啊！力哟！力哟！力的绘画，力的舞蹈，力的音乐，力的诗歌，力的律吕哟！"

●在上《窦娥冤》这一课时，我在下课前告诉学生：在文学世界里，我们要了解一个人物就应该深入他的内心，用自己的心去"触摸"他的心，然后，我们就会拥有一颗善感的心。请同学们好好揣摩窦娥这个人物，以"窦娥，我想对你说"为题写一段话，100字左右。在下一次上课时，我会请同学激情澎湃地朗读出来。

●在上《大学之道》这一课时，我会让学生分组比赛诵读经典，要求仪容整洁、端身正立、收摄身心、心存恭敬。

3.灵动的课堂应该是"心灵碰撞"的课堂

只有真正深入人物的内心，才能真正理解人物，才能做到和人物"心心相印""心有灵犀一点通"。灵动课堂，要让学生高效学习、自主发展，应注重师生心灵的对接、意见的沟通、思维的碰撞。语文课堂要演奏出和谐的旋律，碰撞出智慧的火花，要让课堂成为师生演绎精彩、感受幸福的地方。语文课堂，要激起师生之间的心理共鸣，激起学生与文本中的人物的心灵感应。

特级教师谭文森老师在上《短歌行》这一课时，设置了"美美地忆—美美地读—美美地思—美美地赏—美美地说"五个环节，让学生一步一步走进曹操的内心，从而获得深度情感体验、深刻的人生启迪。

"美美地忆"环节：通过带领学生回忆已学习过的曹操的诗歌，帮助其进一步巩固基础知识，初步唤醒学生心目中的曹操形象。

"美美地读"环节：通过安排学生反复诵读诗歌，把学生带入不同于平时的阅读层面，给学生充足的时间来解读文本的各种因素，让学生在更加深广的层面上读懂作者与文本。

"美美地思"环节：通过播放《曹操横槊赋诗》视频，为整个课堂营造一个良好的氛围。然后将阅读同生活和人生紧密结合起来，引导学生走进曹操的内心世界，挖掘文本隐含的意义：作者作此诗的意图是什么？从三国战火纷飞的历史背景和曹操本人的经历及曹操统一天下的宏伟蓝图中，引导学生理解曹操的思想感情，把握曹操的"忧"，挖掘出他的忧不是简单消极的悲悯，而是饱含着一股建功立业的慷慨之气的。最后得出结论：忧人生的实质是重人生，忧贤才的实质是重贤才，这种"忧"，是一种心怀功业的大气。这样，学生心中的曹操形象便会呼之欲出，实现了学生与作者之间的心灵碰撞。

"美美地赏"环节：通过多种形式"立体"地阅读鉴赏，让学生真正走进诗人的内心，明白曹操为何要在诗中表明自己的求贤心。

"美美地说"环节：设计问题"如果将来你成为某个团队的领导者，你会怎样吸纳人才？"以引导学生充分展开联想，将学习和思考的主动权真正交给学生。组织学生交流讨论，让学生与学生之间实现心灵的碰撞。

4.灵动的课堂应该是"主动探索"的课堂

课堂要放权给学生，让学生做学语文、用语文的主人。主动性是产生灵性的前提，是产生灵性的基础。在语文教学中，如果学生只是被动地接受，灵性也就没有了。因此，作为教师的我们，不能用自己的想法左右学生，应给予他们开放、自由的活动空间，让学生自主选择、独立思考、主动探索。无论是课内还是课外，都要让学生学会发现问题、解决问题。这样既能让学生发挥自身的主动性，又能让学生感受到成功的快乐。有了表达自由、思想自由、行为自由，学生的灵性才能展现。而要培养学生的这种主动意识、自由意识，教师就必须给学生充分的自由，并且要弄清自身的角色，做好学生的"引导人"，而不是"主宰者"。

新教材在必修上册和下册都安排了"整本书阅读"的内容。对于这一部分的教学，很多老师都感到比较棘手，因为教学内容繁多复杂，能读完整本书的学生少之又少，而课堂教学时间又非常有限，真正把"整本书阅读"落到实处难度很大。我的做法是，让学生选择自己感兴趣的内容去主动探究。

●《乡土中国》整本书阅读的教学，我的处理方式是：

第一步，师生共同探究整本书的阅读方法。

第二步，让学生大致了解《乡土中国》的主要内容，然后师生一起探究其中的两篇。

第三步，安排学生分组探究。全班分为六个大组，每组探究其中两篇，要求找出其中的主要概念并进行阐释，理出文中的观点，分析作者的思路；然后每节课展示两组的探究成果，评出最佳组进行奖励。

●教《红楼梦》整本书阅读前，我先给学生布置寒假任务：阅读《红楼梦》（纸质书或者下载电子版阅读均可），每个同学完成一份手抄报。

手抄报的栏目可自行设计，建议分为"知识手册""阅读笔记""阅读小论文"三个版块，前面的版块可以灵活处理，"阅读小论文"的版块必须要有。

小论文的撰写内容（任选一个或者两个）：谈××性格的复杂性；《红楼梦》中的＿＿＿＿＿＿＿＿＿＿＿（服饰、礼仪、建筑等）描写；《红楼梦》中的诗、词、曲、赋鉴赏（任选一首或者几首）；续写《红楼梦》的结局。

开学之后进行评比并为优秀者颁奖。

事实证明，除了少部分同学纯粹应付交差以外，绝大部分同学都很认真，表现得很棒。

5.灵动的课堂应该是"多方对话"的课堂

传统的语文课堂教学模式基本是灌输—接受，学生的学习方式基本是听讲—练习—再现教师传授的知识，学生往往处于被动接受的状态，成了可怜的倾听者，谈不上去和谁"对话"。新课程改革要求我们还学生一个"对话"的课堂，实现"文本对话""师生对话""生生对话"等，赋予学生灵性。

要让学生与文本对话。阅读教学是学生、教师、教科书编者、文本之间对话的过程。阅读是学生的个性化行为，不应以教师的分析来代替学生的阅读实践。课堂上教师首先要保证的便是学生独立、充分、深入地与文本对话。

要让学生与老师对话。在课堂上，教师应该做学生的朋友，在他们需要帮助的时候伸出热情的双手；要时时与学生沟通，让学生感受到自己在课堂中的重要性。

要让学生与学生对话。比如要重视单个学生之间的交流、同桌之间的交流、单个学生与小组的交流、小组与小组的交流等。

我们的语文课堂，要彻底地打破教师唱"主角"、几个优秀学生当"主要配角"、大多数学生当"群众演员"甚至当"观众"或"听众"的教学模式。要积极地给学生创造交流与合作的机会，让所有学生都"动"起来，充分展示各自的灵性。

《归去来兮辞》的教学，我重点设置了几个对话环节：

（1）对话文本

小组合作互译文本并勾画出疑难字、词、句；提出疑难问题，其他小组的同学负责答疑，教师负责点评并为学生补充遗漏的知识点。

（2）对话生生

本环节的主要任务是探究文中描绘的三幅画面：归家图、居家图、田园图。

任务分配：

第一幅图景中哪些词语用得好？好在哪里？（第一组）

如果你是一个导演，要根据文章第二段拍一段MV，你会关注哪几个场景？为什么？（第二、三组）

请用自己的语言全面地描绘出第三幅图景（第三、四段），并概括其特点，分析其中表达了作者怎样的心情。（第四组）

（3）对话师生

探究景中情：魏晋时期的农耕生活真的如同陶渊明笔下所写的那么美好吗？这么写有何深意？

探究作者的思想感情的深层内涵：有人认为这篇文章集中表现了作者回归田园之"乐"，有人认为其"乐中有悲"，你认同哪一种说法？请结合文本，谈一谈你的看法。

有人认为"聊乘化以归尽，乐夫天命复奚疑"中的"乐夫天命"是积极的，也有人认为是消极的，你更认同哪一种观点？谈一谈你的看法。

（4）对话生活

对于陶渊明，人们对他有不同的评价，有人赞赏他的高洁傲岸，"出淤泥而不染"；有人批评他孤芳自赏、逃避现实，你怎么看待？请结合文本与自身的阅读体验加以说明。

结合已学过的《归园田居》《五柳先生传》等，谈谈你对古代归隐现象的看法。

6.灵动的课堂应该是"面向生活"的课堂

语文教学需要生活化。比如我们的作文教学，现在不少高中老师从高一开始，基本就是引导学生进行议论文的写作训练，最多加上高考常考的几种文体的训练，与教材的要求还存在较大差距。试想，我们的学生走上社会后，写不了一篇家乡人物传记或者人物评论，这对孩子的影响多大啊！而这些内容正是我们教科书里要求学生学会的：必修上册有专门的《家乡文化生活》的单元，选择性必修有专门的人物评论要求。

我曾听一位老师说过，语文教学一定要扭转"两耳不闻窗外事，一心只读教科书"的局面，向自然、向社会、向现实生活开放。语文老师不仅要让课堂充满丰富多彩的语文实践活动，而且要使小课堂连着大世界，拓宽语文教育、教学的途径，引导学生在自然、社会、生活中学语文，用语文。

我教新教材必修上册"参与家乡文化建设"学习活动的几个教学流程：

（1）梅须逊雪三分白，雪却输梅一段香：我来夸

在前面两个专题的活动中，大家都对自己家乡的优秀传统文化有了一定的了解，比如各类人物、历史建筑、特色景致和独特习俗等，下面请大家分组展示一下自己的收获，都来夸一夸自己的家乡，要求语言简明扼要，内容充实。

展示分组：历史渊源组、人文故事组、历史名人组、人文景观组、民俗风情组、历史建筑组、特色美食组、古代诗文组。

（2）假作真时真亦假，无为有处有还无：我来甄

大家在介绍家乡时选取的都是好的方面、值得我们骄傲的方面。大家有没有想过，每种事物，有其优秀的一面，就会有其不足的一面。下面请大家再次深入思考，我们的这些传统文化还存在哪些方面的问题，应该从哪些方面加以保护、完善、改造和利用呢？

分组讨论，不必面面俱到（思考其中一两个方面即可），讨论交流后，每组派代表展示。

（3）爱好由来下笔难，"一文呈递"始心安：我来写

既然我们的家乡文化存在着不足的一面，那么如何做才能让我们家乡文化的优异之处发扬光大呢？请同学们就你想到的某个最重要的问题，向有关部门拟写一份建议书。

（4）溪涧岂能留得住，终归大海作波涛：我来导

活动宗旨：参与家乡中秋文化建设。

活动形式：举办具有地方特色、饱含民族风情、富有浓郁民俗特色的活动(中秋晚会)，深刻理解传统节日文化的内涵，培养人们爱家乡、爱祖国的情怀。

课程改革要求构建自主、开放、探究的学习方式，要求珍视学生独特的感受、体验和理解，作为教师的我们肩负重任。我们要在新课程改革下构筑新的课堂，即要给学生一个注重生成的课堂、激情四射的课堂、心灵碰撞的课堂、主动探索的课堂、多方对话的课堂、面向生活的课堂，把自由还给学生，把快乐还给学生，帮他们找回自己的活力和灵性！

让语文课堂充满"动"感

相关课标文件要求关注学生学习方式的转变，让学生多经历、体验各类富有启示性的语文学习活动，通过实现多方面的综合与内化，养成现代社会所需要的思想情感和行为品质，提升其精神面貌；提倡改变课程实施过于强调接受学习、死记硬背、机械训练的现状，倡导学生主动参与、乐于探究、勤于动手，培养学生搜集和处理信息的能力、获取新知识的能力、分析和解决问题的能力以及交流与合作的能力。语文教师要重新全面认识课堂教学的功能，努力营造平等、和谐、民主的课堂教学氛围，重视课堂上师生的有效互动和教学过程中的动态生成，把课堂真正还给学生，构建新的动态课堂。

1.精心设计教学内容，使学生"可以动"

语文的外延等于生活。课堂教学只有和现实生活联系起来，才能更好地激发学生的学习兴趣，才能更好地让学生"动"起来。学生只有学习现实生活中需要的语文，才能到广阔的生活空间里"用"语文。语文教学要引导学生从书本走向生活，从课堂走向社会。语文教学比其他学科教学要更有灵活性，在内容的选择上要更好地体现"可动性"。

（1）实践性强的内容可以让学生"动"。学生自己动手、动脑获得的知识，远比通过其他途径获得的知识更深刻、更实用。所以，一些实践性比较强的内容，比如问卷调查、访谈、节目设计等，我们应尽量让学生主动参与、乐于探究、勤于动手。

新教材必修上册"家乡文化生活现状调查"一节，我设计的教学程序的前两个环节如下：

①播放《瑶王宴》视频，体验民俗风情。

②师生共同讨论什么是调查，调查要注意哪些方面，怎样设计问卷调查表。以《关于扶夷江水质民意问卷调查表》为例，小组讨论设计一张问卷调查表。

学生设计示例：关于扶夷江水质民意问卷调查表

1.你认为扶夷江水质同前几年相比，是

A.变好（　　）　　　B.差不多（　　）　　　C.变差（　　）

2.你对现在扶夷江的水质

A.满意（　　）　　　B.一般（　　）　　　C.不满意（　　）

3.针对扶夷江水质保护，你认为

A.十分必要（　　）　B.一般（　　）　　　C.没必要（　　）

4.你认为扶夷江水质治理应该

A.加强（　　）　　　B.维持现状（　　）　C.无须治理（　　）

5.你认为扶夷江水质污染的主要原因有

A.工业污染（　　）　B.生活污染（　　）　C.都有（　　）

6.扶夷江水质对我们的卫生环境有

A.很大影响（　　）　B.稍许影响（　　）　C.没有影响（　　）

7.扶夷江水质对我们的经济发展有

A.重大影响（　　）　B.一些影响（　　）　C.没有影响（　　）

8.你认为扶夷江水质污染对你的生活有

A.很大影响（　　）　B.一些影响（　　）　C.没有影响（　　）

9.你是否愿意为扶夷江治理尽自己的一份力？

A.愿意（　　）　　　B.不愿意（　　）　　C.不关心（　　）

你在其他方面的意见：

（2）需求强度大的内容应该让学生"动"。有需求才有兴趣，有兴趣才有动力，有动力才有行动，有行动才有结果。根据学生的需求，设计一些让他们感兴趣的教学内容，往往会收到意想不到的效果。

高中毕业时，很多同学都会互写留言，这时我上了一堂主题为"毕业赠言"的语文课，让学生们收集和撰写一些富有人生意义、积极向上的格言妙语，或者写作赠序之类的文章。这节课，学生们热情高涨、交流活跃，不但学到了很多语文知识，更受到了情感的激励，陶冶了情操。

学生留言、赠序示例：

●同窗三载，看到过你的笑、你的哭，体会过你的欢、你的悲，你所有的情绪起伏，我都见证过、参与过。而今别后，愿你只笑不哭，但欢无悲，平安喜乐。

●嘿，同学！嘿，朋友！嘿，知己！从相遇到相知，我们只花了三年时间，但我相信我们的情谊会延续一辈子，它不因距离的改变而消退，反因时间的沉淀而愈加浓烈！

●白头如新，倾盖如故，你是我一眼就认定的朋友，也是我一心要常伴的知己。可惜，时光倏忽而逝，分别在即。不必问何日重相会，我们是一闪一闪的星，都将闪烁在彼此的记忆里；我们也是一滴一滴的水，全活跃在祖国的大海里！

●朋友啊，你的声音依然飘荡在我的心里，像那海水拍岸的低吟之声，缭绕在沙岛幽静的松林之间。朋友啊，你的笑颜还存留在我的脑海中，像那露珠贴附于美丽的花朵，亲近自在，使我忘掉了人间的忧愁。朋友啊，若这就是梦，我愿它永远不醒，因为梦中有你，梦中有情，梦中有我们朝夕相处的点点滴滴！

●去日不可追，来日犹可期。求学的日子里，你我朝夕相伴。分别的日子里，愿身能似月亭亭，千里伴君行。相伴的日子里，你总向我诉说鸿鹄志，与我讨论青云路。别后的日子里，愿你如大鹏扶摇直上九万里，来日"春风得意马蹄疾，一日看尽长安花"。不要担心前途渺茫，不要害怕前路坎坷，纵有疾风起，人生不言弃。你曾是我学习的榜样，更是我前行的标杆。"长风破浪会有时，直挂云帆济沧海"，我相信你、祝福你，愿你前程似锦！

（3）竞争性强的内容更应该让学生"动"。魏书生认为，即使对毫无直接兴趣的智力活动，学生因渴望竞赛取胜而产生的间接兴趣，也会使他们忘记事情本身的乏味而兴致勃勃地投入到竞赛中。

竞赛着重考查的是学生的突破性思维，所以一些平时表现平庸的学生，到了竞赛场上也会生龙活虎，不喜欢做的事情也会做得"上劲"，枯燥的事情也会觉得有趣。

我在教学过程中，常常会用诵读比拼法：将全班同学分为两大组，安排第一组先齐读，第二组在第一组读了第一句后再开始齐读，看哪一组读得又好又齐，并且不受另外一组的影响。

　　课文的教学，我也会不时穿插竞赛内容。教学《念奴娇·赤壁怀古》时，在导入环节，我会组织"三国历史知识"的抢答活动，设置这样几个问题：三国是哪三国？吴、魏、蜀的领袖分别是谁？周瑜是谁的下属？除了貂蝉，三国还有两位著名的美人，你知道她们是谁吗？大乔、小乔这样著名的美女嫁给了谁？赤壁之战是哪两个阵营在打，孰强孰弱？谁夺取了此战的胜利？

2.加强指导，大胆放手，让学生真正"动"起来

　　要使学生在课堂学习中充分发挥主观能动性，老师在教学过程中就要大胆放手，让学生真正参与其中，使学生感到这是自己的课堂、自己的活动，从而真正动起来。

　　我们可以放手让学生参与教学活动的设计，将一些简单课文的教学任务交给学生，让他们收集材料、设计教法，甚至可以让他们当一回"老师"，而教师只须从旁指导、完善、补充即可。

　　新教材选择性必修上册《人皆有不忍人之心》一文比较简单，我曾放手让学生自主设计了一节课，学生设计了"荐经典""诵经典""品经典""评经典""用经典"等五个

环节，取得了良好的效果。其中"诵经典"的环节，学生设计得很有特点：

组织分组演读，看哪个小组最能读出孟子原文的气势、节奏等。

人皆有不忍人之心。（齐读）先王有不忍人之心，斯有不忍人之政矣；以不忍人之心行不忍人之政，治天下可运之掌上。（生一）所以谓人皆有不忍人之心者：今人乍见孺子将入于井，皆有怵惕恻隐之心；非所以内交于孺子之父母也，非所以要誉于乡党朋友也，非恶其声而然也。（生二）由是观之，无恻隐之心，非人也；无羞恶之心，非人也；无辞让之心，非人也；无是非之心，非人也。恻隐之心，仁之端也；羞恶之心，义之端也；辞让之心，礼之端也；是非之心，智之端也。（生三）人之有是四端也，犹其有四体也。有是四端而自谓不能者，自贼者也；谓其君不能者，贼其君者也。凡有四端于我者，知皆扩而充之矣，若火之始然，泉之始达。（三生交错，每人一句）苟能充之，足以保四海；苟不充之，不足以事父母。（齐读）

我们更应放手让学生在课堂中一展身手。课堂教学重在过程，只要学生在课堂中充分动脑、动手、动口，那么即使他们在某些方面的表现有所欠缺，在某种程度上，这节课也是成功的。

广州市正高级教师罗日明在教《阿Q正传》时，重点组织学生进行小组活动，分析文中阿Q的五次被打，并深入探讨：谁和谁打？谁主动打？为什么打？打的结果如何？"五打"透露出什么信息？如何理解？这节课老师讲得很少，但学生在活动过程中，手、脑、口并用，真正解决了问题。

3.创设情境，使学生"乐意动"

提出一个问题比解决一个问题更重要。因为解决一个问题靠的也许仅仅是实践上的技能而已，而提出新问题，却需要有创造性思维和想象力。教师要将学生获得知识的过程变成一个探索的过程，就要重视这一过程的设计，让学生主动探索、合作交流，使学生在这一过程中有充分的体验。课堂教学中，创设情境不仅能调动学生学习的积极性，还能使他们由厌学、苦学变得喜学，甚至乐学。

语文源于生活，生活中处处有语文。要使创设的情境生活化，教师就要把所创设的情境与学生的生活紧密联系起来，让学生亲身体验问题情境中的语文问题，增加学生的直接经验。这既利于学生理解生活中的问题，又能使学生感受到生活中处处皆语文，培养他们的观察能力和初步解决问题的能力。要实现教学情境活动化，就需要让学生投身到具体的情境中去活动，使学生在口说、手写、耳听、眼看、脑想的过程中学习知识。

适宜的情境能够激起学生强烈的"动"的欲望。面对单调、死板、乏味、枯燥的语文课堂，我们可以通过渲染情境、再现情境、诠释情境等方式来激发学生的情感，启迪他们、点燃他们思维的火花。

《故都的秋》情境导入：

（1）从古人写秋的文字里感悟秋天的特点。

毛泽东：看万山红遍，层林尽染；漫江碧透，百舸争流。鹰击长空，鱼翔浅底，万类霜天竞自由。

刘禹锡：自古逢秋悲寂寥，我言秋日胜春朝。晴空一鹤排云上，便引诗情到碧霄。

秋瑾：秋风起兮百草黄，秋风之性劲且刚。能使群花皆缩首，助他秋菊傲秋霜。

秋天的特点：悲凉不堪、伤感凄苦、孤寂落寞；多姿多彩、充满豪情。

（2）新宁大鱼塘秋景欣赏。

（3）结论：足见有感觉的动物，有情趣的人类，对于秋，总是一样的能特别引起深沉，幽远，严厉，萧索的感触来的。

创设情境，教师要精心准备教学内容。如我们可以利用情境渲染、实物演示等激起学生想看看、说说、做做的强烈愿望；还可以带学生到大自然的情境中去亲身体验，以此为学生营造一个"乐意动"的氛围。

一次作文课，我要求学生们写一篇"叙事有波澜"的文章。在布置作文任务时，我突然想起了上周举行的全校广播体操比赛，于是我从科教馆借来了那次比赛的实况录像，重点播放了本班的比赛片段，以此激发学生的好奇心，把学生带入情境之中，激起了学生的写作欲望。

有的情景不能真实地在课堂中展现出来，但可以进行情景模拟，让学生观察思考。这有助于学生理解抽象的内容，更好地将语文知识与生活实践联系起来。

教学朱自清的《荷塘月色》之前，我为学生们播放了《荷塘月色》这首优美动听的歌曲，然后深情引入：

伴随着这舒缓轻柔的音乐，我们仿佛听到了一位于人生旅途中奔波跋涉的行者在讲述其见闻感受，平淡而隽永。他把一腔的愁情泼洒于荷塘，一曲月与荷的乐曲飘荡在宁静的夜空，于是荷叶、荷花如人一般，带着忧伤的心情，静默地摇动。下面我们一起追随朱自清先生的脚步走进这篇文章，去领略月下荷塘的美丽，去聆听扣人心弦的夜曲。

4.巧选形式，让学生"全体动"

使用新教材后，不少教师会有这样一种感觉：现在的课堂气氛非常热烈，同学们各抒己见，积极性空前高涨，讨论问题有时激烈得像开辩论会一样。"教学相长"一词启示我们，教师只有经常倾听学生对课堂教学的意见和感受，才能逐步改善自己的教学行为，才能摒弃"教师本位"的"执念"，实现教学观念的彻底转变。

语文课一定要避免那种仅有"尖子生表演"的场面，应让每个学生都"动"起来。语文课的内容和形式是多种多样的，如阅读欣赏、口才培训、表演品评、调查观察、写作训练等，这些内容本来就为学生提供了人人都能"动"的机会，教师应抓住这些内容，精心准备、灵活处理，让学生都参与进来。

指导写作《从"逆境出人才"说开去》时，我不急于让学生写，而让他们先说，就"逆境出人才还是顺境出人才"展开辩论，使之先打开思路、广纳材料、抓住重点，然后有理有据地分析，最后再进行写作。

5.优化结构，让学生"全程动"

"讲"是语文教学中牵一发而动全身的核心问题。但新课程背景下，教师应该"精讲"，应该增加学生参与的时间，使之占一节课的三分之二，甚至更多。教育界曾流行着这样一句话：我听过了就忘记了，我看见了就记住了，我做过了就理解了。其中深刻的内涵，足以说明教学过程中，教师少讲，学生多动、多做的重要性。"授之以渔"，才是教学的最终目的。

为确保学生在教学过程的每一环节都处于"动"的状态，教师必须根据学生的认知规律，设计科学、合理、有序的课堂教学程序，优化课堂结构。

教学《哈姆莱特》时，我组织学生排演这场戏。在设计教学环节时，以让学生自由组合、排演为主，特别鼓励"学困生"参与。排演过后，便让学生就作品中的人物形象展开分析。有人说哈姆莱特既勇敢又忧郁；有人说他是一个划时代的人文主义代表；有人说他看似疯狂，实则清醒。再接下来，我设计了"真情告白"环节，让学生直接"对话王子"：如果你是王子忠诚的朋友或随从，你会如何劝慰他、开解他、支持他？就这样，整节课在学生的活跃参与中开始，在学生的欢声笑语中结束。

由此看来，我们给予学生一个自由活动的空间，往往能激发他们的学习动力，让他们在课堂中真正"动"起来。

关于这一点，叶澜教授认为，课堂里的教师和学生，他们不只是在教和学，他们还在感受课堂中生命的涌动和成长。只有在这样的课堂里，学生才能获得多方面的满足和发展，教师的劳动才会闪现出创造的光辉和人性的魅力。

课堂教学是语文教学的生命所在，是师生探索、交流的过程，是师生不可重复的生命活动。我们的语文教师应该尊重每一个学生，并为每位学生实现最大的人生价值创造各种条件。我们的每一位语文教师都要努力朝着这个方向迈进，超越过去、超越自我，以新的教育理念、思想方式和行为方式构造新的语文教育平台。

第二章

灵动课堂的建构艺术

守住课堂阵地，尽展师生才华

语文灵动课堂的特色之一是可尽情展示师生的才华。

语文课堂上，能让学生尽情地展示出自己的才华，无疑是新课改下高质量课堂的要求，更是我们这个时代的需求；当然，老师也可以适当地展示自己的才华，以起到示范引领的作用。能让师生都尽情展示才华的课堂，无疑是真正灵动的课堂。

1.学生合作展示才华

"一切为了每一位学生的发展"是新课程的核心理念，它要求教师要特别关注学生的个性发展，重视学生的个性差异，让每个学生都有机会展示自己的个性与才华。课堂是教育的主阵地，也是学生的舞台，而教师作为"导演"，只有想办法让它焕发时代的生机，充满活力，才能让学生在快乐中演绎自己的角色，让课堂成为学生展示能力与才华的大舞台。所以，课堂上教师的主要任务是引导学生掌握学习方法，为学生创设情境，启发学生的思维，让学生在教师和同学面前尽情地展示出自己的聪明才智。

在课堂上，学生可以通过进行小组合作探究性学习来展示才华。小组合作探究性学习是一种积极的学习活动，它的价值在于可以使学生在思维活动中获得有意义的经验，并将模糊、矛盾的知识点清晰化。探究性学习一般要经过发现问题—提出问题—分析问题—解决问题的程序，让学生在问题中自己探索，经过收集和处理信息，判断归纳，得出结论，从而得到发展。

小组合作探究的形式可以多样化，可以所有小组探究一个问题，可以其中几个小组探究一个问题，也可以每个小组各自探究不同的问题。

● 言之无文，行而不远。无论是追求语言的准确、清晰、恰当，还是生动、形象、传神等，都和作者遣词造句的能力有关。推敲锤炼，寻找最合适、最出彩的字句，应当成为我们表达的追求。本单元作品中有很多值得我们品味的精彩语句，倒如：《阿Q正传》中，多次用"飘飘然"来表现阿Q精神胜利后的得意忘形；徐志摩笔下的潭水，"不是清泉，是天上虹"；冯至笔下，彩菌"不知点缀过多少民族的童话"。所有这些，都是作者锤炼出来的精彩语言。结合本单元课文中的实例，以小组为单位，探究语言表达有哪些方面的技巧。小组形成综合意见后派一名代表进行展示。

●《社会历史的决定性基础》教学设计片段：

（1）师生示范探究第一部分：齐读第一、二自然段；筛选主要信息，标出表明作者观点的主要句子；用一句话概括第一部分的观点。

（2）小组合作探究研讨第二、三、四部分：按照示范分析的方式，各小组先筛选主要信息，再用一句话概括文段中心观点。全班分为九个小组，每三个小组探究一个部分。每个小组要综合小组成员的个人探究成果，再派一名同学展示（以其中一组展示为主，其他小组进行补充更正）。

●《百合花》教学设计片段：

《百合花》是一篇战争题材的短篇小说，却给人以美的感受，为什么会有如此神奇的魅力呢？请以小组为单位探究这篇小说在艺术上的特色。

全班分为七个小组，具体任务为：

第一小组：小说的题材选择；

第二小组：小说的人物选择；

第三小组：小说的细节描写；

第四小组：小说的心理描写；

第五小组：小说的语言特色；

第六小组：小说的对比手法；

第七小组：小说的景物描写。

课堂上的小组合作探究要落到实处，探究的问题要具体，给学生的探究时间要充足。而且，小组合作探究不仅可以安排在课堂上，更可以安排在课外。这些内容，后面将进行专门阐释。

2.学生个体展示才华

中学生的思维很活跃，有一股初生牛犊不怕虎的劲头，也有强烈的表现欲望，老师如果能引导他们展示自己的才华，有时可能会有意想不到的收获。比如诗歌教学，我们可以重点让学生展示他们声情并茂的朗诵；比较枯燥的议论文或者说明文教学，我们可以重点让学生展示他们绘制的思维导图；整本书阅读教学，我们可以重点让学生展示他们制作的手抄报。

●给《小石潭记》打广告：

快乐时，到小石潭看绿竹清水；

悲伤时，到小石潭赏落日欢鱼。

休提天上瑶池，足比人间西湖。

莫说石潭不美，此乃人间仙境。

此景只应天上有，人间难得几回见。

潭闲有竹春常在，山静无人水自流。

借问文宗何处寻，导游遥指小石潭。

●线上教学有很多问题：

直播教学时，教师基本看不到学生的反应，交流互动较为困难，大多数时候只能自顾自地讲解，或者进行经验性的调整。

学生所处学习环境不一，无法排除外界的干扰，难以产生被教师关注和关照的感觉，也难以感受共同学习的气氛，极易产生倦怠感与孤独感，甚至厌倦心理。

线上教学常常会陷入一种比较尴尬的境地：

忙：教师忙于备课，忙于准备各种资料，忙于制作课件，忙于调试各种设备……

盲：学生盲目地听课，盲目地记笔记，盲目地应付作业……

茫：教师和学生都感到茫然！

那么，线上教学适宜教什么样的知识？怎样教才能激发学生的学习兴趣？怎样才能调动学生在线学习的积极性？如何才能有效落实教学任务呢？其实，影响在线教学质量最直接的因素不在教师，而在学生。学生的能动性、自主自律性和在线学习能力，是保障在线教学质量的首要因素。教师用高质量的教学设计充分调动学生的学习兴趣和学习积极性就是当下能做的，也是最需要做的。基于这一认识，我与工作室的各位同仁提出并践行了任务驱动式自主探究学习的线上教学模式。

我们的具体做法和实施步骤前文已有阐释，其中最后一个步骤主要就是展示学生的作品。

上作文课时，我们主要让学生展示美篇作品、书写作品、动感音乐相册作品、朗诵作品等；上《蜀道难》这一课时，学生的演读精彩纷呈；上诗歌鉴赏课时，老师让学生做"命题专家"，学生命制的试题让人惊异不已；上佳作欣赏课时，学生画出的思维导图和创作的鉴赏短文更是让人眼前一亮；上专题知识复习课时，学生总结的答题方法和模式更接地气……

事实证明，线上教学，教师直播讲课并不是最紧要的，甚至也不是最必需的。线上课堂最重要的是要激发学生自主学习的动力，引导学生开展基于网络的学习、探究、交流和分享等多种活动。任务驱动式自主探究学习的线上教学模式正好能适应这一形式、满足这一要求。

3.教师要勇于展示才华

教学方式的转变，意味着教师要不断提升自己的教学素养。学生主体地位的确立，课堂对话的多向化，都提醒教师不能再仅靠课前的预设来完成知识的传授，还需要对知识做更加深入的研究。因此，教师只有不断进取，扩充知识储备，习得多方才艺，才能使教学渐入佳境。课堂上，只要不"冲淡"学生的主体地位，教师为什么不可以大展才华呢？语文教师或低吟浅唱，或手舞足蹈，或激情演讲，或妙语连珠，不仅能让学生痴迷、沉醉于课堂，而且也有利于提升自己的专业素养。教师的下水作文、书法作品，教师即兴所作的诗词、当场演讲等，都能很好地展现自己，也很可能因此获得学生的认可和尊敬。

●《中国教师报》编辑、北京华师教育研究院副院长梁恕俭老师上课很有特点：每课一诗（根据课文内容，自己赋诗一首），每课一歌（根据课文内容，自己改编歌曲一首并吟唱）。如借《女人花》唱《窦娥冤》：杂剧《窦娥冤》，作者关汉卿，感天动地抒悲情，婆媳相依命，她与世本无争，平白无故受冤刑；窦娥冤，屈死在乱世中，窦娥冤，指望苍天显灵，故发下那三桩毒誓愿，来宣泄她憋屈的悲情。杂剧《窦娥冤》，悲怆到极点，血溅白练不沾尘，飞雪六月天啊，亢旱要三年，看它应验不应验……

●特级教师林凤华老师上《声声慢》这一课时的情景，我仍历历在目：先做情境导入，安排学生自由朗诵该词，整体感知，再组织小组合作探究词中的意象和情感……课程有条不紊地进行，似乎也没什么特别之处。待学生理解了词中的感情后，巧妙的环节来了——演读。那哽咽的声音，那低低的倾诉，字字传情、词词达意，宛然一个晚年"李清照"活脱脱地立在了我们面前！学生服了！所有的听课老师也服了！

●教鲁迅先生的《祝福》一文时，我饱含感情地朗诵祥林嫂那两段"我真傻，真的……"。语调低沉、语速缓慢，将深受精神创伤的祥林嫂展现得淋漓尽致。未成曲调先有情，学生静静倾听、细细品味，每一句话透出的辛酸与苦味都让人感怀，一颗颗晶莹的泪水不自觉落下了……

●教完纳兰性德的《长相思》后，我的即兴之作（上课之前，惊闻岳父突然离世的噩耗）：

长相思·忆岳父

桂花旖，菊花旖，人间九月草凄凄，一抔黄土寄。云似伊，月似伊，山高水长已隔世，惟愿梦相依。

在语文教学课堂中，学生在充满关爱、富有情感色彩的课堂气氛中深入学习，能展才情、扬个性、进激情，能获得知识，还能提高智力水平、完善人格。让课堂真正成为学生展示自身才华的舞台，这才是我们的语文教学要追求的目标。

小组合作探究学习模式的创新

语文教学要围绕语言和文化、著名作家及其经典作品、科学论据等，组织学生开展合作探究、研讨交流活动，鼓励学生以各种形式相互协作、展示与交流学习成果。

中央发布的相关指导性文件也强调，要优化教学方式，坚持教学相长，注重启发式、互动式、探究式教学，要引导学生主动思考、积极提问、自主探究。

小组合作探究学习越来越显示出它的重要性。这一教学方式给课堂注入了活力，它不仅可以使师生之间、学生之间更有效地进行语言交际，而且还可以培养学生的合作意识、团队精神，进而促使学生相互学习、共同提高，提升课堂教学的效率。通过小组合作探究，可以充分调动学生的学习积极性，让学生学得更起劲、更有效。学生是"学""生"，只有不断"学"习，才会越来越有"生"气；有了学习的氛围与干劲，有了生气，我们的课堂自然就会灵动起来。

1.课堂合作探究的局限性

小组合作探究确实是一种非常好的学习方式，甚至有人曾说，没有小组合作探究的课堂就不是真正意义上的改革的课堂。但这一学习方式又备受诟病。

首先，很多老师运用这一方式时流于形式。很多语文老师平时上课基本不要求学生进行小组合作探究，只有到了要上公开课、比赛课、研讨课时，才会采用这种学习形式。但这基本也是流于形式，是为"表演"而"探究"，为老师而"探究"，是做给评委老师和观摩老师看的。

其次，学生并没有真正对问题进行深入探究。众所周知，要真正探究某个稍有深度的问题，查找资料、分析鉴别、确定自己的观点，没有几十分钟甚至几个小时是很难有效果的，更何况还要完成确定分工、小组讨论、综合意见等工作。课堂上的那五六分钟真的能让学生探究出什么东西吗？答案显而易见。所以，很多时候，小组合作探究异象频现：当学生还没有心理准备时，老师就叫学生迅速围坐在一起；当学生还没有进入探究状态时，老师就叫学生迅速合作；当学生正在进行激烈的思想交锋、处于欲罢不能的探究状态时，老师突然叫停；当学生还没完成任务时，老师就叫学生展示（也许是事先安排的）；当学生真正探究出一点点东西的时候，又没机会展示……

2.小组合作探究的创新

个人觉得，小组合作探究是一种非常好的教学形式，学生的参与面广、有效参与率高。但并非所有的内容、并非任何时候都适用。所以，我并不倡导每篇课文的教学都设置小组合作探究的环节，更不赞成每节课都让学生围坐在一起讨论、交流、总结等。合作交流要选择合适的内容和恰当的时机，要保证交流的有效性。

合作探究很有作用，但要真正落到实处，采用灵活多样的形式。我们可以让不同的小组或者不同的学生探究不同的问题，聚合大家的智慧共同达成教学目标。合作探究不一定非得围坐在一起、非得局限于课堂上，给学生充足的课外探究时间也许能获得更好的效果。

我的基本做法是：课外探究，课堂展示。

关于文言文教学，我的做法是：对学生进行分组，安排每组或者每几个组探究文章的一个部分。要求：用你们组认为最好的方式进行朗诵，然后每组推选出一名同学给大家讲解这一部分的重点字、词、句，一名同学翻译，一名同学分析这一部分的内容和写作艺术；抽签决定上台展示的小组顺序，其他组可以在此基础上进行补充。

《阿房宫赋》教学时的分组合作探究：

（1）学号1~8号的同学为小组长，每个小组长拉五名同学组成战斗小分队，课外分工合作完成分到的任务。

（2）利用课外时间探究，第一、二小组探究第一段，第三、四小组探究第二段，第五、六小组探究第三段，第七、八小组探究第四段。

（3）课堂上小组上台展示，展示方式：集体演读该段，然后小组自由推选1~2人解释重点字、词、句，1~2人翻译该段，1~2人概括本段的主要内容和写作手法。

（4）每段由一个组来展示（小组长自由决定），另外一组进行补充（集体朗诵是必需的，其他环节适当补充）。

这种学习方式也可用于现代文的教学。比如把学生分为几个小组，每组或者每两三个组探究一个问题，课外探究讨论，课堂展示汇报。

《边城》（节选）小组合作探究式教学：

把学生分为六个小组进行探究学习：民俗风情组；自然风景组；人物篇之翠翠组；人物篇之兄弟组；人物篇之爷爷组；人物篇之乡民组。

任务：民俗风情组主要探究小说描绘的风俗，自然风景组主要探究小说描绘的自然风光，人物组主要探究人物的性格特征和作者的描写方法。

要求：从文中找出具体的语句或段落，指出所描写的景物或者人物的特点，分析作者写景、写人的方法和这样写的作用。

这种学习方式同样适合于诗词教学。

《江城子·乙卯正月二十日夜记梦》学习小组的划分与分工：

第一、二组（朗读改写组）：先小组齐读，再带全班同学读一遍，然后展示该组对词作的改写。

第三、四组（分析鉴赏组）：分析词作表达的感情和表现手法。

第五、六组（背诵演读组）：小组齐背，然后推选出一人有感情地演读。

语文综合性学习运用这种方式方法，更是具有不可替代的作用。因为语文综合性活动必须给足学生时间和空间，让他们有自由发展的机会，让他们去关注自我、关注学校、关注自然、关注社会；要为学生打开一扇窗户，让他们去认识世界、感悟生活；要把学生从学科知识学习和狭窄的课堂中带出去，让他们用一双明亮的眼去观察，用一对聪敏的耳去倾听，用一颗灵动的心去感受，见证世界的多彩，体验生活的律动。总之，让学生"回归生活、体验生活、学会生活"应该是语文综合实践活动的基本理念。

"善用多媒介"小组活动设计：

学校拟于近期举办一次戏剧节，你所在的班级准备参加这一活动。请小组合作，为班级的节目写一个跨媒介宣传的推广方案。结合要求，完成下列活动，课堂上以小组为单位进行展示。

（1）讨论确定戏剧节的宣传主题；

（2）确定宣传媒介的种类以宣传校园戏剧节；

（3）基于学校特色，设计戏剧节的宣传语；

（4）基于学校特色，设计戏剧节的宣传方案；

（5）为海报、校报宣传提供一些戏剧节的宣传图片；

（6）为学校电视台播放的宣传短片撰写一份画外音文稿。

3.这一创新方式的运用效果

这种创新方式保证了学生的探究时间。因为是利用课外时间进行合作探讨，学生有充分的时间去查阅资料、搜集材料、论证观点等。有时间的保证，才有效果的保证。

这种创新方式落实了学生的合作与探究。探究没有流于表面，没有流于形式。学生可以真正在探究与展示中培养自己多方面的语文素养，提升思维能力、读写能力、信息筛选和整合能力，增强团队意识等。

这种创新方式也有利于学生做好充分的展示准备。小组成员可以根据自己的特点选择某一个角色，比如擅长朗诵的可以担任领读角色，擅长表演的可以担任演读角色。学生为了赢得老师和同学们的赞赏，会在课前进行充分的准备，进行反复练习、预演等。

我的这种做法得到了很多同行的肯定和赞赏。2020年12月25日，我在朋友圈发布了自己上《项羽之死》这课时的探究展示视频，赢来点赞502个，评论159条，刷新了我朋友圈点赞、评论的最高纪录。下面是部分评论：

● 你是根植于教，心植于生。

● 小组合作探究，完全把课堂交给学生，真正确立了学生的课堂主体地位。

● 将小组合作探究落到实处，给学生一个舞台，学生还我们一份精彩！

● 不愤不启，不悱不发。我们的小组交流也应该遵循这种原则。在课堂上，我们要给孩子创造与人交流讨论的机会，并要抓住最恰当的时机，组织小组讨论探究。

●很多小组讨论都流于形式，您这种让小组成员都有任务、都有机会展示的方法很好，有利于调动学生们的学习积极性。

●让学生上台展示既是对学生的一种鼓励，也是检验合作探究成果的有效方法。

●明确的任务指令，平等的对话方式，预期的展示形式。教师统筹在先、预期在前，才有了这常态课中小组的精彩表现。

●这一形式有利于提升学生的自主学习、合作探究能力，有利于开阔学生的思维，提升学生的语文素养。

●落实"生本、生态、生命"理念，引领学生，解放学生，轻松你我。

●这是一种很好的展示课形式，能让学生流畅地展示学习成果。

●让学生动起来，让课堂活起来，这才是真正的高效课堂。

●小组合作不是简单的交流讨论，而是给予学生具体目标与相应策略的指导合作。师的高屋建瓴、生的高效合作，缺一不可。

●有效的小组探究才能充分调动学生学习的热情，让学生真正参与进来，做课堂的主人。

●充分调动学生学习的主动性，老师化身为课堂的幕后英雄。

●灵动有趣的课堂是学生学习的"伊甸园"。

●普普通通的一节常态课，您却为学生营造出了平等和谐的课堂氛围。这是一节重过程、重发现、重主体的课，是一节有着自由探究精神和启发性的课，让人耳目一新，收获颇多。

●我一直在探寻长篇文言文的教学方法，在这里终于找到思路了，借鉴了，学习了。

当然，我并不是反对课堂上的合作探究。课堂上，问题具体，针对性强，能让各小组都动起来，那是一种高超的教学艺术。我只是觉得，小组合作探究不能流于形式，而应充分发挥它的功能。既然要合作探究，就得有真正的"合作"，实在的"探究"。

演读法在古诗文教学中的运用

语文灵动课堂的特色之二，是能"绽放"琅琅书声。

有个难题一直困扰着许多语文老师，那就是古诗文，尤其是篇幅比较长的古诗文的教学问题。运用什么样的教学方法才能更好地提高学生的阅读兴趣，让学生自觉、主动地去体验作品中的内容和形式，甚至让学生细心品味、陶醉其中呢？我觉得，演读法就是行之有效的方法之一。我一直强调，语文阅读课堂一定要有有特色的诵读，缺少诵读的语文课，算不上真正意义上的语文课。

古诗文，尤其是篇幅比较长的古诗文的教学，如果课堂上只有老师枯燥的讲解分析或者传统的朗读，学生很容易产生疲劳感、厌倦感，学习效果也就可想而知了。长篇古诗文教学，如果不采用一些比较活泼灵动的教学方法，比如诵读中不能读出一些趣味来，对学生来说，那真是一件受罪的事。

演读法是一种以表演方式进行形象化朗读的方法，多用于文学作品的示范朗读或者分角色朗读。通过演读可以生动地再现作品中的情景、人物，有助于学生更好地体验作品中的美，加深学生对作品的理解，提高学生的阅读兴趣。这是一种较高层次的朗读方法。

1.教师示范演读，充分展示自身魅力

教师的示范作用是毋庸置疑的。不少同学之所以不喜欢长篇古诗文，原因之一就是课堂上教师只注重对文本字、词、句的理解翻译，而忽略了文本本身的美，课堂枯燥、单调、乏味。教学古诗文时，教师如果能够用娓娓动听的语言、丰富多彩的神态、细致入微的表情把文本内容演绎出来，学生一定会感受到文本中语言的灵动、思维的跃动、意境的生动、情感的波动等，很快进入文本，从而有效达成学习目标。要培养出优秀的"演员"，教师不仅应该是一位优秀的"导演"，更应该是一位出色的"演员"。

●《将进酒》演读片段：

君不见/黄河之水/天上来↗，奔流到海/不复回↘。君不见/高堂明镜/悲白发↗，朝如青丝/暮成雪↘。人生得意/须

尽欢↗，莫使金樽/空对月↘。天生我材/必有用↗，千金散尽/还复来↘。烹羊宰牛/且为乐↗，会须一饮/三百杯↘。岑夫子↗，丹丘生↘，将进酒↗，杯莫停↘……（整首诗歌的演读，老师都要沉醉其中，要把李白"悲—欢—愤—狂"的情感变化演绎出来）

●《寡人之于国也》演读片段：

寡人之于国也，尽心焉耳矣。河内凶，则移其民于河东，移其粟于河内；河东凶亦然。（读出沾沾自喜的语气）察邻国之政，无如寡人之用心者。邻国之民不加少，寡人之民不加多，何也？（读出疑惑不解的语气）

2.师生合作演读，努力唤起感性体验

课堂要想灵动起来，就需要教师的适度掌控和巧妙引导。教师如果能跟学生一起进入角色、融入文本，课堂上教师的主导地位、学生的主体地位便会得到充分体现。师生配合演读，将抽象的文本转化为具体的活动，可以更好地促进学生对文本内容的理解，增强与"作者"的沟通，使学生真正进入文章所述的场景中，从而更好地理解人物的性格特征以及文章所要表达的思想感情等。毫不夸张地说，学生一旦真正进入角色，不仅其阅读兴致会大增，而且课堂上他们也

会更全神贯注、激情四射，其他很多问题也就迎刃而解了。

《鸿门宴》演读片段（深圳市第二高级中学的何泗忠老师的花样演读法，原文内容老师和一名学生朗读，括号里的内容全体学生演读）：

沛公军霸上……项羽大怒，曰："旦日飨士卒，为击破沛公军！"（嘿嘿嘿！击破沛公军！嘿嘿嘿！击破沛公军！嘿嘿嘿！击破沛公军！）（学生齐读，声音逐步加大）当是时，项羽兵四十万，（四十万！四十万！四十万！）（学生齐读，声音逐步加大）在新丰鸿门；沛公兵十万，在霸上。范增说项羽曰："沛公居山东时……急击勿失！"（勿失！勿失！勿失！）（学生齐读，声音逐步加大）

3.小组合作演读，共同感受学习乐趣

课堂教学的要求之一，就是要让更多的学生参与进来，充分体现他们在课堂上的主体地位，使之更具学习的积极性。小组的演读展示过程也是学生互相合作、自主探究的过程。让学生合作探究演读，能让学生在"趣"中学、在"乐"中学、在"学"中提升。通过演读，学生不仅能各美其美，而且还能通过小组合作展示，美人之美，最终达到美美与共的目的。从"各美其美"到"美人之美"，最终实现

"美美与共",课堂在"美"的氛围中实现了教学目标,提升了学生的学习能力。

●《齐桓晋文之事》部分演读(一人演读与齐宣王相关的内容,一人演读与孟子相关的内容,小组其他同学演读括号里的内容):

"《诗》云:'他人有心,予忖度之。'夫子之谓也。夫我乃行之,反而求之,不得吾心。夫子言之,于我心有戚戚焉。此心之所以合于王者,何也?"(疑惑地齐问:何也?)

"有复于王者曰:'吾力足以举百钧,而不足以举一羽;明足以察秋毫之末,而不见舆薪。'则王许之乎?"(疑惑地齐问:许之乎?)

"否。"(齐声旁白:当然否。)

"今恩足以及禽兽……不为也,非不能也。"(齐声感叹:非不能也。)

"不为者与不能者之形何以异?"(疑惑地齐问:何以异?)

"挟太山以超北海……老吾老,以及人之老;幼吾幼,以及人之幼:(齐声重复:老吾老,以及人之老;幼吾幼,以及人之幼)天下可运于掌。《诗》云:'刑于寡妻,至于兄弟,以御于家邦。'……权,然后知轻重;度,然后知长短。（齐声重复：权，然后知轻重；度，然后知长短）物皆然，心为甚。王请度之！"（每人一遍：王请度之！）

●《蜀道难》演读示例（设计来源于网络媒体，仅选开头一段）：

(齐读)噫吁嚱，危乎高哉！(乱读：蜀道难，蜀道难，蜀道难……)(突停，个人唱读)蜀道之难，难于上青天！(慢读)蚕丛及鱼凫，开国何茫然！尔来四万八千岁，不与秦塞通人烟。西当太白有鸟道，可以横绝峨眉巅。地崩山摧壮士死，然后天梯石栈相钩连。(快读)上有六龙回日之高标，下有冲波逆折之回川。(变化读)黄鹤之飞尚不得过，猿猱欲度愁攀援。(慢读)青泥何盘盘，百步九折萦岩峦。扪参历井仰胁息，以手抚膺坐长叹。

4.个别示范演读，逐步受到思想熏陶

学生都有较强的表现欲，期望通过自己的努力得到老师和同学的鼓励、欣赏、肯定，演读正好给他们提供了这样的机会。同时，学生声情并茂的演读过程，其实就是对文本再次解读的过程。演读不仅能展示他们的语言表达能力，展示出他们的独特风采，而且能表现出他们对文本的理解和感悟，能表现出个人的情感态度。因而演读为学生进一步体

验、感悟文本提供了绝好的机会，能使学生从中不断受到思想的熏陶。

《与妻书》演读示例（《与妻书》的改写演读，设计来源于网络媒体）：

（配音）为推翻清王朝腐朽的统治，公元1911年4月27日，革命志士炮轰两广总督府，遭遇清军围攻，死伤惨重，其中一位年仅24岁的青年林觉民，留下了一封荡气回肠的《与妻书》，文如黄钟大吕，情如杜鹃啼血，感动天下。

A.意映卿卿如晤，吾今以此书与汝永别矣……

B.觉民，天色晚了，你还没回来，我的爱人，你在哪？依新睡了，梦里轻声唤着爹爹……觉民，回家呀……

A.意映卿卿，再一次呼唤你的名字，我写这封信时，还是世间一人；你读这封信时，我已成为阴间一鬼……这些日子，爱恨交织的思绪、对你依依不舍的眷恋，像利爪一样猛烈地撕扯着我的心。眼泪混合着笔墨，伴着我心中波涛翻滚的怅然，好几次都想搁笔，但又怕你不能体谅我的心思，怕你怪我弃你而去……

B.我想在信中找回我的思念，然而读到的却是悲凉凄怆的诀别，你字里行间饱含的深情使我相信刹那也是永恒。

A.意映卿卿，你知道吗？自从与你相识，我常愿天下有情人都成眷属。然而当今世道，遍地血雨腥风，百姓颠沛流离，国土连年沦丧，真正幸福美满的有几家……

B.你常说：老吾老以及人之老，幼吾幼以及人之幼。你爱我，也希望天下人都能爱其所爱，我明白，也愿意把天下人当作亲人来对待，可我就是不能承受失去你的悲痛……

A.可国家危在旦夕，大丈夫当以死报国！倘若我死能激励四万万同胞奋勇而起，我神州大地定会雷震九霄，我中华民族定能乾坤再造，我虽死而犹生啊！

B.觉民，还记得吗？四年前，你从日本留学回来，我对你说：今后若要远行，一定要带上我！天涯海角，妾愿随君行！

A.我记得……也答应了……

B.可你毕竟是林觉民，13岁就写下"少年不望万户侯"的林觉民，这次回来，你只说日本的学校放樱花假，可你行色匆匆，我知道，你一定有许多话对我说，然而每每四目相对你都欲言又止，好几次我从……

A.这次不比从前，我将要踏上的是一条不归路，纵然有千般理由、万般感慨，又怎么忍心对你坦言，况且你有孕在身，我不能常伴左右已经深感歉疚，又怎么忍心让你为我担忧……舍生取义我没有遗憾，为国捐躯我万死不辞！革命成功与否自有同志们继续奋斗！唯独你婆娑的泪眼，叫我肝肠寸断……

B.觉民，我有幸嫁给你，又为什么要生在今天的中国……

A.我有幸娶到你，又为什么要生在今天的中国……依新5岁了，转眼就会长大成人，请你务必好好教导他，让他像我。你腹中怀的，我猜是个女孩，是女孩一定像你——温和，贤淑……

B.也可能是男孩，我会把他和依新一起培养成有相同志向的人。

A.那我们家今后会很清贫……

B.我从来就不怕清贫！在战争的炮火中辗转流离也好，在政权的更迭中仓皇度日也罢，只要还能见到你！

A.来生吧，我向来不相信这世上有鬼，现在却希望真的有鬼。还记不记得我对你说过，与其我死在你前面，还不如你比我先死。

B.你是说，凭我纤弱的身体和细腻的感情，一定无法承受失去你的悲痛？

A.所以我说宁愿你先死去，让我来承受一切的痛苦！谁知，到底还是我先你而去……我爱你！然而天下重任使我不能继续拥有爱你的权利！意映卿卿，再一次呼唤你的名字……

B.我的名字，充满着你的爱恋，千百年后，我也无怨。

A.我的眼里，充满了你的泪水，千百年后，我也无怨！意映卿卿，我爱你……

B.觉民，天亮了……

运用演读法教学的方式还有很多，我们可以根据文本内容具体情况具体分析，灵活运用。演读教学法若运用得当，古诗文学习将不再枯燥乏味，反而会乐趣横生，获得学生的认可，激起学生参与的热情，激发学生学习的动力。

让课堂闪耀批判性思维的火花

　　语文灵动课堂的特色之三是能不时让课堂闪耀批判性思维的火花。

　　批判性思维是语文核心素养的重中之重。语文核心素养涉及四个层面，即语言建构与运用、思维发展与提升、审美鉴赏与创造、文化传承与理解。思维发展与提升这一层面，要求学生能运用批判性思维审视语言文字作品，探究和发现语言现象和文学现象，形成自己对语言和文学的认识；能自觉分析和反思自己的语言活动，提高语言运用的能力和思维的深刻性、灵活性、敏捷性、批判性、独创性。可见，批判性思维能力是高中生必须具备的语文核心素养之一。高中语文的相关课程标准文件中，也设有"思辨性阅读与表达"的专题，统编新版高中语文教材也十分强调培养学生的批判性思维能力，可见批判性思维的渗透是新教材的亮点之一。在语文教学，尤其是课堂教学中渗透批判性思维能力的培养，应该成为今后语文教学改革的重中之重。

如果我们的语文课堂能真正体现以生为本、以学为本的思维理念，师生一起"大胆质疑，谨慎断言"，语文课堂一定会焕发生机，异彩纷呈。用批判性思维点燃学生智慧的火花，这样的课堂一定是灵动的课堂，充满生机与活力的课堂。

语文课堂上如何培养学生的批判性思维？我们可以从下面六个方面入手。

1.允许犯"错"，敢冒"不韪"

永远不要低估我们的学生，有时候，他们的发现不是我们能想象得到的。正因为如此，我们在课堂教学中，应学会尊重学生的个性，尊重学生的不同见解，鼓励学生发扬批判精神，激发他们批判的勇气和智慧。课堂民主的表现之一，就是教师允许学生犯合理的"错误"，让学生能主动探索和大胆质疑，让学生能"放下包袱，开动机器"，敢言别人之不敢言，敢冒天下之大不韪。一定程度上，学生敢于质疑传统定论，敢于否定一向被认为"是"的东西而发现其中的"非"的方面，学生批判性思维的火花就会被点燃，甚至会爆发！

研讨课《项链》教学片段：

应市教科院邀请，我去市内某职业学校上了一堂语文研讨课，我选择的内容是法国著名作家莫泊桑的短篇小说《项链》。教学重点是分析小说"出人意料的结尾"以及精妙的铺垫，让学生体会莫泊桑高超的写作技巧、探究小说的艺术美。课程有条不紊地进行着，就在快要结束时，一个同学突然说："老师，我可不可以说说这篇小说的缺憾？"我片刻惊愕后说，当然可以。

于是这个学生慷慨陈词，列举了小说情节的若干破绽：

玛蒂尔德是一个出身于小职员家庭、嫁给小书记、从未接触过上流社会的小市民，怎么会有那么多超出自己现实生活的"梦想"呢？

路瓦栽夫妇丢失项链后辛苦劳作了十年，生活在同一城市中的好朋友佛来思节夫人会全然不知？这可能吗？

这个同学说完后，其他同学纷纷附和：

佛来思节夫人连项链归还晚了都会抱怨，玛蒂尔德归还项链时，她绝不会一眼不瞧，即使这样，难道在十年时间里她连一次都没有打开过盒子，一次都没碰过那串真的钻石项链吗？

既然佛来思节夫人与玛蒂尔德是好朋友，为什么十年中她没有从任何一种渠道得到关于玛蒂尔德的一点消息呢？即使玛蒂尔德退出舞会时因怕被别人看见而十分匆忙，但为什么直到她回到家里才发现项链丢失了，那么一串"昂贵"的项链，玛蒂尔德怎么会忘记呢？坐在马车上时难道一直都在紧张吗？怎么不时时用手去摸一下是否"硬硬的还在"呢？

佛来思节夫人对朋友的处境十分清楚，却轻易借出十分"昂贵"的项链而且连一声嘱咐都没有，归还时连打开盒子的程序都免掉了；一串昂贵的项链，轻易地在某个地方断开以至丢失；珠宝店老板声称只卖过盛项链的盒子；事后得知这串项链价值三万六千法郎……这些都没有让玛蒂尔德怀疑项链是假的，这能让读者信服吗？

一个贪图享受、爱慕虚荣的人，突然间改变了自己好逸恶劳、养尊处优的习性，十年如一日地去做那些自己以前极不情愿做的苦活儿，可能吗？

十年中，夫妇俩仅靠勤劳节俭便挣到了一万八千法郎（而且还有高利贷），况且玛蒂尔德只是做家务活而已，这可能吗？

…………

这节课整整拖堂了15分钟，老师们在评课时说，在享受小说带给我们的美感的同时，学生能思考并找出其中的漏洞，找出情节中的破绽，本身就说明他们已经读懂了课文，并且对课文已经有了比较深刻的理解；尽管学生"歪"出了老师的教学思路，但体现了批判性思维的发展，更是给大家带来了美的享受。针对课堂中的这些"节外生枝"，教师应树立正确的教学理念，认真对待、灵活处理，如果处理得当，会收到意想不到的效果。

2.拔"剑"张"弩"，敢争善辩

课堂的民主，不仅仅表现在师生关系的平等，更重要的是表现在敢于让学生争辩。辩，不仅是一种勇气，更是一种智慧。辩，不仅是语文教学的需要，更是培养学生综合素养的需要。教学中，学生提出某些值得争辩的问题的过程，正是他们对教学内容不断消化吸收、融会贯通的过程；学生敢于与教师辩，学生之间敢于互相辩，正是他们对教学内容有独到理解、思维高度集中的表现；学生能与教师争得面红耳赤，学生之间能争得唾沫横飞，那么他们对教学内容的认识必然十分深刻，他们的批判性思维能力必然有所提升。

辩论的过程就是在学生充分暴露认识矛盾的基础上，围绕教学重难点，让学生自己判断对错、明辨是非，学生在认真倾听、捕捉信息的基础上，加以独立思考，形成自己独特的见解，老师再恰当、适时地引导学生展开辩论，这样便可以使他们的认识不断深化、发展，从而锻炼学生的批判性思维。

《荷塘月色》教学片段：

《荷塘月色》快教完了，一个学生突然问：老师，文章引用《采莲赋》的一段是否多余？我想了一下，这篇文章以前选入中学语文教材的时候，是删除了这一段的，后来又把这一段增加了进来，肯定各有各的理由。于是我让学生们就这个问题展开辩论，大家畅所欲言，分别从表现作品的中心、作者情感的发展、景物描写的作用、尊重作者的原意、文章的简洁等不同角度阐释了自己的理由。我没有一味肯定或否定哪个观点，学生的批判性思维得以充分体现。

3.突破定式，无疑生疑

所谓教育，是需要引导学生于有疑处深探，于无疑处生疑的。选入语文教材的文本，当然是经过编者精挑细选的，而且是公认具有典型意义、能代表作者艺术成就的篇目，但这并不代表，这些文章就毫无可挑剔之处。教学中，教师如果能不断激发学生的好奇心，使他们从无疑处生疑，从平凡处见奇，定会促进学生批判性思维的发展。学生如果能于司空见惯的事物或已成定论的观点之中，寻找新的切入点、阐发新的见解，无疑会更好地达成教学目标。

● 《湘夫人》中的"我"

在分析《湘夫人》中湘君的形象时，按照教学参考书的提示，诗歌中的"我"一是指湘君，二是指屈原。我向学生提问，"我"还可以指另外的什么人吗？学生经过思考后，终于有人轻轻地说，"我"可以象征追求理想的一类人吗？我觉得他的回答很有道理，于是进一步启发学生思考：这样看来，《湘夫人》除了可以被归纳为爱情诗、政治诗，还可以归入哪类诗歌？学生之后的回答都很精彩。

● 《今别离》的局限性

在教黄遵宪的诗歌《今别离》时，我启发学生：这首诗在选择意象上确实有创新之处，难道就没有什么局限吗？跟我们以前学过的古代送别诗比较一下，你觉得有什么差距吗？学生经过思考比较，终于自己找到了答案：黄遵宪基本上还停留于对新意象的写真与客观描述，其诗作还没有完全达到情景浑然交融的境界。学生终于懂得，创新应该有原则、有标准，应该为表现文章的中心服务。我设置的"说局限""比同代""比现今"等教学环节，就是为了培养学生质疑的能力。

4. "犊"不惧"虎"，大胆挑战

一个不可否认的事实是，不少学生死记硬背能力强，实践运用能力，特别是创新求异能力弱。其中重要的原因是我们部分老师只注重知识的传授，只注重让学生记住书本上的现有结论，而没有去也不敢或不愿去对书本中的已有结论加以评价、分析、怀疑、批判。其实，中学生的思维是很活跃的，他们有一股初生牛犊不怕虎的劲头，也有强烈的表现欲望，如果老师能引导他们辩证分析、理性看待"原说""定论"，有时可能会有意想不到的收获。所以老师要鼓励学生勇于质疑问难，敢于向权威发出挑战。

而且，中学生具有较强的好奇心、向师性，都希望得到老师的注意和表扬，因此，老师更要鼓励学生大胆创新。

在教《记梁任公先生的一次演讲》时，我借鉴学习了一些名师的教学方法，特意在课堂上安排了一个教学环节——为一代大师挑错。（试着为一代大师评改文章，给作者挑毛病，如语法错误等。）学生经过仔细阅读思考，还真给作者挑出了好几处错误。比如"大约在民国十年左右"（"大约"与"左右"重复，应删去"大约"），"我很幸运地有机会听到这一篇动人的演讲"（"一篇"与"演讲"搭配不当，可改为"一次"），"不少人从此对于中国文学发生了强烈的爱好"（"发生"与"爱好"搭配不当，可改为"产生……兴趣"）等。当然，这种现象在那时是无可厚非的，因为当时白话文刚刚兴起，用字和语法并不规范，但现在同学们切不可犯这样的错误。

5.广谋从众，心有主见

由于不同读者的知识结构、生活阅历、审美品位、关注重点各不相同，往往会对作品产生不同的解读，即便是同一读者，也会因阅读该作品的时期不同而解读各异。这些解读往往都有其合理性，当然也可能存在一定的局限性。教学时，老师不宜简单否认某种观点，而应善于引导学生从"众说纷纭"中找到最合理的观点，甚至提出更有深度的见解。鼓励学生对文本进行多维度的阐释，有利于在探究过程中培养学生的批判性思维。

在分析《诗经·氓》中的女主人公为什么被遗弃这个问题时，我特意设置了一个教学环节——谁偷走了我的爱情？我先把这首诗歌的几种常见解读摆出来，然后要求学生进行自主分析，且必须有理有据，令人信服。学生们有认可女子年老色衰说的；也有赞成士之变心说的；更多的则是认为这是一夫多妻、男尊女卑的社会制度所导致的。这些说法都有道理，只不过有的不太全面或者不太深刻而已，我没有片面否认某种观点，而是启发学生在尊重他人观点的基础上形成自己更为合理、更为全面的见解。

6.开"疆"辟"土"，延伸反思

语文教学强调延伸拓展，有效的延伸拓展能激起学生情感的波澜，引发学生心灵的触动。人教版教材安排有名著导读内容，统编新版教材还增加了整本书阅读单元，这些内容的教学怎么开展呢？我觉得运用比较延伸的批判性阅读法或许是一种比较好的教学方法。怎么读好名著？找到好的切入点是非常重要的，比如我们可以运用批判性思维，将名著阅读定位在"人生智慧的理性反思"上。我们不仅要学习经典作品中的语言运用、结构手法、艺术技巧等，还应该以经典作品中的经典故事来反思我们的人生、反思我们的社会，让其成为我们生活的一面镜子。

一部部经典作品便是一部部人生的教科书，它们所呈现的生命形式与人生内容，正是我们省察人生的"镜子"和借鉴他人智慧的"路子"。读《鲁滨逊漂流记》，我让学生思考"流浪与穿越"的生命情结；读《西游记》，思考成长的路径与成功的意义；读《红与黑》，理解生命中"野心与尊严"的冲突；读《三国演义》，理解"功名与道义"的选择问题；读《悲惨世界》，思考每个人都可能面临的"苦难与罪恶"；读《复活》，思考生命的堕落与自我的救赎……当学生在作品中找到了"代入感"、找到了对话的空间、找到了共鸣、找到了思考的契机时，名著的价值就实现了。显然，这样的阅读，必须以读者为主体，必须加入自我的人生体验与思考，只有批判性阅读才能促成这一目标的达成。

在进行整本书阅读《红楼梦》的教学时，我启发学生思考一个问题：刘姥姥身上体现出的仅仅是可笑与可恶吗？请从人生处世哲学的角度重新解读这一形象。学生通过自我探究和小组合作讨论，对刘姥姥有了新的认识。刘姥姥的行为，的确有很多可笑、可恶、可鄙的地方。但刘姥姥身份卑微，她处在贾府那样的环境中，某种程度上，她只能那样做。刘姥姥朴实憨拙，她不得不通过察言观色来洞悉人生，她的辛酸有谁知？难怪很多人感慨"少年不识刘姥姥，读懂已快过中年"。

批判性思维课堂的建设，还有很多方面值得我们去探索、去发现：如何更好地指导学生挑战自我，植入"批判"；如何更好地营造课堂气氛，让批判性思维更好地发挥作用；如何指导学生更好地运用批判性思维进行小组合作探究；如何让学生运用批判性思维来不断反思、不断进步……

我相信，有批判、有反思的课堂一定是灵动的课堂，在这样的课堂中，我们的语文教学一定会焕发生机，异彩纷呈。

批判性思维在常态阅读教学中的落实

　　余党绪老师提出，我们的阅读要从印证性阅读向思辨性阅读转型。

　　我们现在的阅读很多时候还是充斥着惯性与惰性的阅读。我们往往会从文本中寻找证据来"印证"某些结论，而这些结论，或源于自己的直觉，或来自他人，甚至也不乏道听途说的。这种阅读我们称为"印证性阅读"。印证性阅读是一个不断"印证"已有结论的阅读过程，阅读的积累仅仅是数量的叠加，而少有情感的冲击与思想的碰撞，难有认知的升级与知识的更新。这样的阅读方式让我们很难走出自己的局限，也难以跨越已有的定论、权威与传统，我们要么在重复自己，要么在重复他人，极易导致思维的停滞与僵化。

　　思辨性阅读则将理解与判断建立在质疑与反思之上，强调阅读中的独立思考意识、分析论证的具体过程以及理性反思的能力，目的在于使学生形成具有逻辑性、辩证性与批判性的思维方式，从而获知真相，探求真知。一旦有了质疑与反思，我们便有可能走出文本的表象，避免对自己与他人的简单重复，走进文本的深处，发现文本特有的意义与价值。

印证性阅读与思辨性阅读的区别，表面上看仅仅多了一个质疑与反思的环节。但实际上，二者的价值设定与思维方式存在着本质的不同。在印证者眼里，意义是现成的，读者只是一个接受者、一个顺从者、一个复制者；在思辨者看来，文本与世界的意义是自己构建的，他始终保持着与文本的对话，保持着独立的自我判断。从印证性阅读到思辨性阅读，意味着阅读方式的转型。

湖南省特级教师、正高级教师成少华老师在文言文教学中，就特别注重培养学生的思辨性阅读能力。比如，对课文的传统观点提出疑问：《六国论》中六国破灭的原因真的是"赂秦"吗？对课文中的论证方式提出疑问：《过秦论》通过举例、对比等方式能有效论证结论"仁义不施而攻守之势异也"吗？对课文中的结构思路进行商榷：《师说》的中心论点到底是哪一句？对课文中的某一内容展开讨论：结合文本，尝试关注"小石潭""八愚"具体位置的争议。

那么，在阅读教学中，我们可以从哪些方面培养学生的批判性思维呢？

1.情感思辨

通过思辨文本中表现的情感，引导学生提升自己的思想境界，从而树立正确的世界观、人生观、价值观。

《与妻书》一课教完了，我抛出了一个富有思辨性的问题：文章既表现了林觉民感人至深的"儿女情"，即对妻子情真意切的小爱，也表现了他勇于献身的大爱，那么你最欣赏的是他的小爱还是大爱呢？

学生发言示例如下：

●我最欣赏的是他的小爱。从他给妻子写的信可以看出，林觉民是一个有责任感的丈夫，他对妻子陈意映的爱是有担当的爱，而且这份爱表达得真挚、深沉，泪珠和笔墨齐下，可谓情深意切。从信中回忆的三件事情（生死之论，月夜诉衷情，醉酒解痛）更是可以看出，他对妻子的眷恋之深、感情之挚。没有对亲人的爱，也就无法将这种爱扩充成为对天下人的爱；没有对妻子笃深的感情，也就无以衬托他舍此捐躯之高尚情操。

●我最欣赏的是他的大爱。他选择赴死是为了救国，舍身是为了所有人："'老吾老以及人之老，幼吾幼以及人之幼'。吾充吾爱汝之心，助天下人爱其所爱……"他是要牺牲个人幸福而成就全民幸福。

他是为革命事业而献身的："然遍地腥云，满街狼犬，称心快意，几家能彀？""第以今日事势观之，天灾可以死，盗贼可以死，瓜分之日可以死，奸官污吏虐民可以死，吾辈处今日之中国，国中无地无时不可以死。"他视死如归，满怀革命豪情。《与妻书》一文表现出了一名坚定的民主主义革命志士的革命人生观，体现了作者舍身为人民的崇高精神。"吾今死无余憾""吾牺牲百死而不辞"，令人感动。

两种观点都有道理，我更倾向于后一种观点，于是我趁机补充：林觉民牺牲一己为天下谋永福的高尚情操激励了一代又一代人，正是这种舍身为国的精神，聚集了千千万万的革命志士，这才有了共产党，才有了中华人民共和国……林觉民只是无数革命志士中的一个，这样的精神代代传承。我还补充了一则材料。

1928年，革命烈士陈觉就义前写给妻子赵云霄的遗书（节选自网络，与原文恐有异。在此仅作为参考资料）：

这是我给你的最后的信了，我即日便要处死了，你已有身（孕），不可因我死而过于悲伤。他日无论生男或生女，我的父母会来抚养他（她）的。我的作品以及我的衣物，你可以选择一些给他（她）留作纪念。

你也迟早不免于死，我已请求父亲把我俩合葬。以前我们都不相信有鬼，现在则唯愿有鬼。"在天愿为比翼鸟，在地愿为并蒂莲，夫妻恩爱永，世世缔良缘。"

…………

我想起了我死后父母的悲伤，我也不觉流泪了。云！谁无父母，谁无儿女，谁无情人！我们正是为了救助全中国人民的父母和妻儿，所以牺牲了自己的一切。我们虽然是死了，但我们的遗志自有未死的同志来完成。大丈夫不成功便成仁，死又何憾！

总结：革命志士的精神是一脉相承的，爱国爱家、传承红色革命文化、担当责任、秉持家国情怀、发扬共产党人的精神，在任何时代都不过时。

2.文体技法

教材选取的文章虽然都是经典名篇，是我们学习的范例，但从写作技巧的角度来看，不少文章仍有值得商榷之处。

《师说》是韩愈议论文的代表作之一。文章阐述了从师求学的道理，讽刺了"耻学于师"的风气。文中列举正反两方面的事例，层层对比，反复论证，论述了从师学习的原则和必要性，表现出了非凡的勇气，也表现出了作者不顾世俗、独抒己见的斗争精神，对后代影响深远。《师说》一文的学习，重思辨、重交流，教师应通过思辨性阅读教学，培养学生对中国传统文化经典的批判性阅读能力。

那么如何对这样的经典作品进行批判性阅读教学呢？

我曾尝试从文体入手、从议论文的三要素入手指导学生展开批判性阅读。

问题探讨：文章是一篇典型的议论文，从议论文的三要素（论点、论据、论证）来看，你觉得有哪些方面还不够严谨？小组讨论后形成集体意见并派代表发言。

学生的发言中还真出现了一些比较有见解的意见：

●文章的中心论点禁不起推敲。参考书给出的答案和老师课堂的分析结果，都表示本文的中心论点是"古之学者必有师"。按照常理，中心论点应该要统领全文的论证。可是我们发现作者在下文阐述的几个分论点：老师的职责（师者，所以传道受业解惑也）；求学的人为什么要从师学习（人非生而知之者，孰能无惑？惑而不从师，其为惑也，终不解矣）；择师的标准和态度（无贵无贱，无长无少，道之所存，师之所存也）；引述孔子的言行说明从师的必要性（弟子不必不如师，师不必贤于弟子）。这几个分论点都是围绕"古之学者必有师"来论证的吗？好像只有最后一个方面是围绕"古之学者"来分析的。

●文中的论证有一定问题。比如"是故无贵无贱，无长无少，道之所存，师之所存也"是一个结论，这个结论包含了三个方面："无贵无贱""无长无少""道之所存，师之所存"。我们再来看前面的论证："生乎吾前，其闻道也固先乎吾，吾从而师之；生乎吾后，其闻道也亦先乎吾，吾从而师之。"这个论证只可以得出"无长无少"的结论，不能得出"无贵无贱"的结论。

●文中的论据前后矛盾。"彼童子之师，授之书而习其句读者，非吾所谓传其道解其惑者也。"可见韩愈认为教给孩子一般性技能的人不是他所说的真正意义上的老师。可是在后文中他又公开称赞"巫医乐师百工之人"的不耻相师的行为，"巫医乐师百工之人"本就是一些以技能来谋生的人，他们向老师学习的也一定是技能性的知识啊。

3.字斟句酌

这是我所在的工作室的蒋胜兰老师试上选择性必修上册第一单元杨成武的《长征胜利万岁》一课时出现的一个小插曲。介绍时代背景、厘清文章主要事件、讨论文章的写作技巧……课程有条不紊地推进。在下课前5分钟的时候，她想让学生谈一谈学习本课的收获，目的是了解同学们通过本课学习是否感受到了革命者的战斗激情，是否达成了"学习任务群"的学习目标。

片刻沉默后，一个学生怯生生地说："老师，我可不可以说说我的一点个人看法？"老师犹豫片刻后说："当然可以。"这个学生鼓起勇气说："我觉得课文中'迂回敌人左侧'一句不对，因为'迂回'是不及物动词，不能直接带宾语的，可改为'在敌人左侧迂回'或者'迂回到敌人左侧'。"

听他这么一说，蒋老师觉得很有道理，于是对他的回答给予了肯定。这时，更多同学提出了自己的看法：

"队伍中顿时沸腾起来了"的"中"字如果删去，句子更简练，搭配也更恰当；

"吴起镇披着灿烂的阳光在欢迎我们"中的"在"字似乎是多余的，可以删去；

"纪念战国时代名将吴起的功绩"中"纪念"与"功绩"不能搭配，因为"纪念"的对象只能是人，而不能是"功绩"；

"搬去前进路上的障碍"一句中，"搬去"改为"扫除"可能更恰当；

"战士们在一旁手里握着枪，眼睛紧盯着川里"一句读起来挺别扭的，不如在"手里"前面加个逗号，或者改为

"在一旁的战士手里握着枪";

"只要一声令下，便可见到万马奔腾、千钧雷霆之势"
一句中，"一声令下"前面要加个主语，因为前文提到了好
几种情况，到底是谁"令下"，不明确；

"宣布大会休息一下"中，"休息"的主语是"大会"，
这可以算是主谓搭配不当；

………

同学们越说越有劲，他们勇于质疑问难，敢于向权威挑
战，课堂气氛异常活跃。由于他们说得津津有味，老师没有
阻止他们，拖延了很久才下课，但教室后面听课的老师却情
不自禁地鼓起掌来。

课上得中规中矩，可圈可点的地方不多，倒是后面学生
的即兴发言使课堂有了特色、有了活力、有了亮点，使整个
课堂出现了高潮。尽管同学们的意见有些方面不一定正确，
但他们的思维很活跃，而且他们身上都有一股初生牛犊不怕
虎的劲头，也有强烈的表现欲望，敢于挑战权威，其思维极
具批判性。

4.提升认识

通过批判性阅读，可以加深学生对文本观点的理解，甚

至可以使他们在作者原有观点的基础上提出自己新的见解。

●广州市优秀教师何国跻老师历来倡导"原点课堂"。他的原点课堂的特点之一是让语文课堂回到"原点",绽放思想之花。他的一个学生读了《归园田居》和《归去来兮辞》后,还写了一篇小论文《陶渊明是一个失败的仕人》。文章从两个方面进行分析:

陶渊明本质上是一个仕人:他自幼就有仕人之志;他有丰富的仕宦经历;他的思想和灵魂始终在官场。

陶渊明是一个失败的仕人:陶渊明缺乏实现政治理想的意志力,肆意任性;陶渊明不懂得实现理想需要坚守"初心"而不能"任性"的基本道理;陶夫子缺乏为追求理想而"忍耐"的心。

文章的中心观点"陶渊明是一个失败的仕人",几乎颠覆了所有人对于陶渊明的认知。

●学完《祝福》后,有学生认为,柳妈是杀害祥林嫂的真凶:

柳妈在《祝福》中虽然是个很不起眼的角色,她只是四叔家"祝福"时请来的"帮手",但她与祥林嫂之死有直接关系。关于她,作者有一句耐人寻味的介绍:"柳妈是善女人,吃素,不杀生的,只肯洗器皿。"

且看柳妈是如何"行善"的:当祥林嫂在她面前谈及

阿毛、乞求她的同情时，她却"不耐烦的看着她的脸"，然后就往祥林嫂的伤口上撒了一把盐，故意提起祥林嫂被全鲁镇人视为耻辱的标志——额头的伤疤，并以羞辱的口吻取笑祥林嫂的再嫁。当祥林嫂显出极其窘困局促的神态时，这个"善女人"却获得了极大的满足："打皱的脸也笑起来，使她蹙缩得像一个核桃。"尽管如此，她仍然不善罢甘休，"干枯的小眼睛一看祥林嫂的额角，又钉住她的眼"，接着就给祥林嫂灌输二夫的"恶果"，使祥林嫂屡遭重创的心灵受到了致命一击，使她一下子被恐怖的阴影所笼罩。可是柳妈还不满足，又出谋划策鼓动祥林嫂用终生的血汗钱去"赎罪"，使祥林嫂彻底丧失了赖以生存的精神支柱，于是祥林嫂眼前只有一条路——死亡。

这个"吃素，不杀生"的"善女人"向祥林嫂捅了三刀，每刀都捅中要害：第一刀刺向祥林嫂尚未愈合甚至还在流血的伤疤；第二刀刺在祥林嫂的心上，使其精神支柱彻底倒塌，并坠入恐怖之中；第三刀刺破祥林嫂的血管，使其积蓄的血汗流失殆尽。

如果说"四叔"是杀害祥林嫂的元凶，那么这个"吃素，不杀生"的"善女人"便是真凶。再回头看看作者关于柳妈"吃素，不杀生"的"善女人"的介绍，其意味是何等深长。作者反语手法的成功运用，给我们留下了长久的思索和玩味的余地。

5.多面探究

从多个角度、多个方面，层层深入、环环相扣地进行思辨性探究。比如《师说》的教学，在前文我已提过文体方面的思辨，此外，我们还可以从作者的观点有哪些方面值得借鉴，有哪些方面需要更新等方面进行批判性思维的培养。

我曾在课堂结尾时组织学生进行过两个方面的讨论：

虽然文章说，这篇文章是写给那个叫李蟠的学生的，可是读完全文，真的仅限于此吗？作者的理想读者又有哪些呢？

用现代人的眼光来审视一下韩愈关于从师学习的观点及论述，还存在哪些局限性？请同学们围绕"教师的职责""择师的标准"等问题分小组讨论，而后推选代表发言，谈谈你们的看法。

再比如《归去来兮辞》的教学。这篇文章的教学重点之一是引导学生探究陶渊明归隐时的情感世界，教材和教师教学用书，都将陶渊明的感情简单地归纳为对官场的厌恶和回归田园的喜悦。这样的理解会导致学生对作者的内心世界认知单一、肤浅，难以把握作者复杂的真实心境、与作者产生真正的共鸣，也不利于培养学生的批判性思维。那么，该如何在这篇文章的教学中培养学生的批判性思维呢？

我曾在《语文教学研究》中读过一篇文章，文章介绍了在教学《归去来兮辞》时，教师可以从多个角度激发和培养学生的批判性思维：从探究出仕原因入手，从探究归隐本质入手，从文中的六个反问句入手，从文中的典故入手，从置换身份方面入手。

借鉴这种方式，我专门用一节课的时间，从多个角度探究陶渊明的内心情感。我事先将学生分为三个大组，每组探究一个问题：

第一大组：作者在文章里坦陈了自己出仕和归隐的缘由，即"余家贫……生生所资，未见其术"，也就是说，生活贫困、家庭负担重、难以谋生。简而言之，是为了养家糊口。但事物之间的因果关系往往是复杂的，除了一因一果，还有多因一果、一因多果等。陶渊明出仕的原因只是家贫吗？请大家结合陶渊明的生平资料，去分析一下还有没有其他原因？

第二大组：从文章来看，陶渊明选择归隐有三个原因。一是本性自然，违背自己的本性出仕导致他身心都感到痛苦。二是为生活所迫而出仕，有愧于自己平生的志向。三是妹妹去世，要赶去奔丧。你认为陶渊明所说的这些归隐原因，哪一个才是根本原因？他归隐的本质是什么？

第三大组：从全文来看，本文除了表现陶渊明对官场的厌恶和回归田园的喜悦之外，还反映了他怎样的内心情感？可以结合文中的反问句和典故的运用等考虑。

学生通过探究得出的认识：

第一大组：出仕原因还有想实现自己济世安民的理想，也希望能建功立业、光耀门楣。

第二大组：归隐本质有认为是顺应自己的内心和天性的，有认为是有愧于自己平生的志向的。

第三大组：文中除了陶渊明对官场的厌恶和回归田园的喜悦之外，还有不能实现自己理想的失落和理想破灭后的痛苦，还有从儒家的积极入世到道家的消极归隐的无奈，也有他的安贫乐道，也有归隐时和归隐后的孤独落寞、犹豫彷徨、心神难安等。

所举有限，我们还可以从更多、更广的方面培养学生的批判性思维。

语文教学需要培养学生的批判性思维，这是无可置疑的。而且，批判性思维这一学习任务群的教学应该是灵动而开放的，既包括教材所提供的特定单元的有限文本，也包括教材所提供的其他单元的大量文本，更包括天地人生。我们的语文教学，不应该仅仅停留在某个单元的某个特定的学习任务群的目标上，而应该把对学生批判性思维的培养渗透到其他单元的课堂教学中，甚至贯穿于整个高中语文教学的过程中。

但是，批判不是否定，批判是在原有的基础上使好的发扬光大，使不足的得到弥补。培养批判性思维的目的是提升中学生的思维品质和思维能力。如果我们把批判性思维简单地理解为怀疑一切、否定一切，那就适得其反、过犹不及了。思维的力量能让我们摆脱对于本能、欲望和因循守旧的屈从，但也可能让我们出错失误。它使我们高于禽兽，但也有可能让我们干出禽兽由于其本能限制而干不出来的蠢事。

前几年，在我国曾经出现过一股不小的浪潮：质疑英雄人物，比如质疑邱少云、质疑黄继光、质疑狼牙山五壮士、质疑刘胡兰、质疑雷锋，等等。有人曾指出《我的战友邱少云》中至少有三处"不"常识：邱少云在战斗前被烧死，他随身携带的武器（如手榴弹、爆破筒等）在燃烧过程中为什么没爆炸？邱少云的埋伏地距敌人只有几十米，火在他身上烧了半个多小时，他周围的冬草也都死光了，敌人居高临下，大白天难道不能发现目标？一个中午时分就是几个小时的误差，整个潜伏部队究竟有多少人，山坡的草丛能潜伏一支多大的部队？

质疑当然是一种权利，问题是质疑得有根据、有理性。

质疑是善意的、尊重事实的，质疑不是抹黑，不是不顾事实变着法儿把白的说成黑的。所以，我看到这些质疑材料后的第一感觉是：够胆，但够无知、够无聊！那么多可以质疑的事件你不去质疑，那么多可以质疑的人物你不去质疑，偏偏对我们的民族英雄"泼脏水"，这不是无知且无聊吗？如果邱少云、黄继光等英雄可以质疑，那我们岂不是可以质疑：刘伯承元帅怎么可以不用麻药，在神经网络细密的伤眼上动手术时，忍住剧痛一声不吭？贺龙元帅长征时采用火烧治疗受伤的脚底板时，受伤处都烧焦了，怎么还能一动不动呢？这类质疑不仅毫无根据，简直有些无底线、少良心了。

　　果然，邱少云的战友，还在人世的邱少云当年的排长曾纪有，在听说了网上的这三点质疑后，这位85岁高龄的老人十分激动。他回忆说，当时他和邱少云等48人于凌晨潜伏到敌人碉堡下方，邱少云手持大剪刀探雷器，任务就是扫除地雷及剪断铁丝网障碍。当天白天雾较大，后方部队一直打冷枪　冷炮，分散敌人的注意力。敌人不敢走出阵地，只能投掷燃烧弹。邱少云被烧着的时候，冷枪炮打得非常紧，敌人一直没有发现他。当火苗燃着邱少云时，曾纪有是亲眼看到的，他就埋伏在邱少云身后右侧大约5米的地方。火在邱少云身上燃烧了半个钟头，邱少云把手指都抓进土里了，自始至终没有动一下。邱少云牺牲后，曾纪有听一些战友说，邱少云当时把爆破筒埋在了土里，也有人说是递给了身旁的战士。曾纪有表示，自己眼睁睁地看着邱少云由一个活生生的人慢慢地被烧焦，心里难受得像刀在割。《我的战友邱少云》是他的战友李元兴写的，邱少云牺牲的细节完全属实。

我曾经以此为材料，要求学生写一篇文章，谈自己对"质疑英雄"这一事件的看法，并就此告诉学生：一个有希望的民族不能没有英雄，一个有前途的国家不能没有先锋。包括抗战英雄在内的一切民族英雄，都是中华民族的脊梁，他们的事迹和精神都是激励我们前行的强大力量。正因如此，我们才要崇尚英雄、捍卫英雄、学习英雄、关爱英雄。对英雄的态度，不仅是一个民族良心的高度，更是一个社会精神的厚度。英雄的名誉，就是国家的名誉。

不能不承认，我们的教育还存在着一定的问题：倡导素质教育，有的仍是行应试教育那一套，对分数顶礼膜拜；强调阅读重要，行的仍是题海战术，对考点奉若神明。所以，在此情形下，要破解阅读教学中的难题，要在课堂中贯穿对学生批判性思维的培养，是要有勇气、执着精神和仁爱之心的。

我坚信，批判性思维教学的春天迟早会来临，而且会遍地开花。单单信奉"知识就是力量"还不够，可能还得强调"有思维才有力量"！

批判性思维在常态作文教学中的落实

　　学生对事物的审视，应当是一种"批判性审视"。不是简单了解、认同和吸收信息，而是从质疑出发，通过分析、取舍，进而对事物形成比较全面的看法。这种审视思维从一定程度上来说，是学生的精神和能力的体现，即勇于批判的精神和善于批判的能力的体现。

　　批判，即对事物持否定或怀疑的态度；批判是一个质疑、酝酿、释疑、验证的过程；批判是一种囊括洞察力、分析力、变通力、独创力的综合力；批判中包含批判精神、求真精神和创新精神。

　　新课程理念的核心之一，就是培养学生的批判性思维能力，这是时代发展对语文教学提出的要求。如何通过具体的语文教学实践，在作文教学中培养学生的批判性思维能力，还学生一个自由的思维空间，使学生的批判性思维能力得到充分发展，这是每一个语文教师需要思考的问题。

1.渗透批判性思维是高考命题发展的最大亮点

我们先看2022年全国新高考Ⅰ卷作文题目：

阅读下面的材料，根据要求写作。

"本手、妙手、俗手"是围棋的三个术语。本手是指合乎棋理的正规下法；妙手是指出人意料的精妙下法；俗手是指貌似合理，而从全局看通常会受损的下法。对于初学者而言，应该从本手开始，本手的功夫扎实了，棋力才会提高。一些初学者热衷于追求妙手，而忽视更为常用的本手。本手是基础，妙手是创造。一般来说，对本手理解深刻，才可能出现妙手；否则，难免下出俗手，水平也不易提升。

以上材料对我们颇具启示意义。请结合材料写一篇文章，体现你的感悟与思考。

解析：材料涉及"本手、妙手、俗手"三个概念——本手是正规下法，妙手是出人意料的精妙下法，俗手是全局会受损的下法；同时，也揭示了三者之间的辩证关系——学棋应从本手开始，本手是基础，妙手是本手基础上的创造，俗手是对本手理解不深的结果。

写作应体现辩证思维，注意三个方面：一是紧扣本手与妙手、妙手与俗手之间的关系展开深入思考，而不是孤立地谈本手的重要性；二是不仅要阐明本手和妙手的关系，还要注意本手、俗手和妙手之间存在的转化关系；三是辩证地看待本手与妙手的关系，重视基础学习，更要守正创新，不能仅会本手，而要练就妙手。

在理解了本手和妙手的辩证关系后，在实际写作过程中，我们要具备批判性思维意识。你相信什么、不相信什么，你支持什么、反对什么，尽量明确表态。观点要鲜明，不要模棱两可。

渗透批判性思维是高考作文命题发展的最大亮点：2019年全国高考作文，就劳动话题，写一篇演讲稿，要体现自己的认识与思考；2020年的全国高考作文，齐桓公、管仲和鲍叔三人，你对哪个感触最深，结合你的感受和思考，写一篇发言稿；2021年全国新高考 I 卷作文，谈体育之效；2022年新高考作文，谈对"本手、妙手、俗手"的思考……这几年的高考作文题，都设置了不同的表达场景，读书会、发言稿、演讲稿、信、主持词，这些都是形式，万变不离其宗，关键还是在考查学生的评论能力，命题者总是在"奖励"那些有批判性思维的考生。

2.批判性思维培养在作文教学中应一以贯之

2022年3月13日，正值作文课，本来我已经准备好了作文题目，但我突然想到，每次写作文，总有那么一些同学喜欢去找"度娘"，或者去所谓的"优秀作文选""范文选"之类的书籍里"借用"，这次何不让他们写个网上还没有出现过的材料作文呢？于是我把今天早晨看到的一则消息，修改整理后放在了PPT上，作为本次作文的材料：

3月11日，××镇召开2022年春季学期教育工作会，为四十二名先进教师颁发荣誉证书、四个先进集体颁发奖牌，对在2021年秋季学期全县期末统测中，任教学科排名倒数三名的八名教师给予黑榜警告。这是该镇实施教师"红黑榜"制度以来的首次"亮相"。

会上××宣读了《××镇中小学考核办法》，组织与会人员全文学习了《××镇干部作风大提升专项行动方案》，并提出了相关要求。

会议指出，××教育的"红黑榜"制度，"能者上、庸者下"的队伍管理理念不会变，希望通过正向激励与反向警醒结合的方式，推动××镇教育工作者知重负重、端正作风，共同努力，办好××教育。

读了这则材料后，对××镇的这种教育"红黑榜"制度，你有什么感想，请联系实际发表你的看法，并要有理有据。

写作结果显示，很多学生缺乏对材料的整体把握，将此事件看成了简单的奖惩事件，于是大谈特谈师德师风或者奖勤罚懒的重要性，这其实反映出了学生理性反省思维的缺失——任何事情都把它归于一个大类后泛泛而谈。对于题目中教育"红黑榜"制度的任务性要求，没有细致分析，不能透析这种做法的利弊，因而不能真正给予有力的评价。

于是我在讲评时引导学生逐步打开思维，进行理性批判：

第一，××镇这样做合法吗？

因为教师所带班级考试成绩排名不佳，便将其列入"黑榜"警告，这样做，依据的法律法规是什么？没有哪一条法律条款支持这种做法。

而且，近几年来，在素质教育的大背景下，在"双减"政策的落实过程中，中央下达了一系列相关文件，三令五申不能单纯以成绩排名评价学校和考核老师，不得公布学生成绩。××镇以考试成绩为指标，给老师设立"黑榜"，显然是与国家的政策背道而驰。

第二，××镇这样做合理吗？

教育是心灵的艺术，一个人的成长，除了教师的敬业程度，还与学生本人的努力以及家庭教育的助力相关。教育不是工业，学校不是车间，学生更不是物体。以为育人就像工人加工制造产品，仅仅凭责任感和技术就能生产出好的产品，这是对教育的无知。××镇把学生成绩不佳简单归结为"师德师风"出了问题，违背了党中央的精神，"站位"站偏了。而且教育评价具有特殊性和复杂性，教育质量包括教学质量，但教学质量不仅仅是分数，如果仅仅凭考试分数来判断一个学校、一个老师的教育教学质量，这是典型的外行领导内行。

如果可以给教师发"黑榜"的话，那"黑榜"的标准，必须是师德，而且只能是师德！

第三，××镇这样做合情吗？

众所周知，学校与学校之间的办学条件和办学水平各不相同，几乎所有人都想把孩子往好的学校送，导致很多农村学校办学越来越艰难。不是同一层次的学校，可比性在哪里？如果拿一个贫困乡镇与发达地区的乡镇比经济，贫困地区的乡镇领导会欣然接受吗？××镇这样做，只会寒了所有教师的心。

正如一个学生在作文中写的："××镇这样做，也许初衷是好的，但无论如何，也得遵守法律法规，也得站在所有教师的角度，设身处地替他们想一想。如果所有镇长书记排名，后三名给予黑榜警告；所有主任排名，后三名给予黑榜警告；所有局长排名，后三名给予黑榜警告……你们会怎么想？"

经分析，××镇的做法于法无据、于理不合、于情不容，反而暴露出了某些领导干部自身工作能力的欠缺，难怪会引起广大教师的反感，甚至是愤怒。

这样，我通过从不同方面对学生进行思维训练，逐步锻炼学生的批判性思维能力，让学生学会了理性分辨生活中的现象，对学生的写作提升是有很大帮助的。果然，我要求学生修改或者重写自己的文章时，他们的思想就深刻多了。

我举这个例子只是想说明，我们在作文教学中，应该长时间、有意识地培养学生的批判性思维。

比如：教会学生用联系的辩证分析法看问题——任何事物都不是孤立存在的，它总是和外界事物有着千丝万缕的联系。我们分析一个问题时，还要注意它和其他问题的联系。

电子阅读，既有其优点，又有其缺点。

优点：作为阅读方式的一种，电子阅读很好地弥补了传统书本阅读中查阅不便、信息有限、价格高等缺陷，具有阅读内容丰富、阅读环境开放、阅读过程互动、阅读成本低廉、检索方便快捷等优势。

缺点：网络阅读容易使人陷入缺乏深思的浅阅读状态；

网络阅读往往漫无目的，容易使阅读者迷失方向；低俗的网络信息容易影响青少年的身心健康；网络阅读缺少传统书本阅读所具有的人文情怀。

教会学生用发展的辩证分析法看问题——世上的万事万物都处在运动、发展、变化之中。论证一个问题的时候，如果采用静止不变的观点分析，就不可能揭示出它内在的客观规律；只有抓住事物之间的普遍联系，在发展中分析问题，才能把握问题的关键所在。

下面这段文字在辩证分析上就存在着严重问题。

在我的眼里，网络就是洪水猛兽，所以我坚决反对上网。首先，上网是需要时间的，如果把时间花在玩电脑上，那么用来学习的时间就必然会大大地减少；其次，玩电脑游戏，尤其是长时间地玩，对视力和健康十分有害——视力会在不知不觉中下降，还可能患上颈椎、脊椎疾病；再次，许多网站（包括许多著名的大网站）的页面甚至主页上，都有一些不健康的内容，中学生上网会受它们的影响。一些人因长期沉迷于网络的虚幻世界里，逐渐形成了孤僻的性格。

分析：上述观点只看到了网络对人们的不良影响，而忽视了它所带来的好处，"洪水猛兽"的评价显然有失公允。我们应该用一分为二的辩证分析法看问题，因为只有这样，我们才能全面、客观地认识问题。

3.换元运思，增添学生批判性思维的独特性

（1）激发反向创造性思维

反向思维就是站在事物的对立面即反面进行思考，从自己的习惯性思维或传统观念的相反方向、相悖角度进行思考。运用这种思维方式，不仅有助于培养我们思维的逻辑性、独立性、广阔性，而且还可以使我们文章的立意更富创造性、新颖性。

我曾要求学生根据下面的这则材料写一篇议论文，以此锻炼学生的反向思维能力。

一徒弟跟随师傅学艺多年，出山心切。一日，他去向师傅辞行："师傅，我已经学够了，可以独闯天下了。""什么叫够了？"师傅问。"就是满了，装不下了。"徒弟答。"那么你装一碗石子来。"徒弟照办。"满了吗？"师傅问。"满了。"徒弟十分自信。师傅抓起一把细沙，掺入石中，沙一点没溢出来。"满了吗？"师傅又问。"这回满了。"徒弟面露愧色。师傅又抓来一把石灰，轻轻撒下，还是没有溢出来。"满了吗？"师傅又问。"满了。"徒弟似有所悟。师傅又倒了一杯水下去，仍然是没有溢出。"满了吗？"师傅又问。徒弟无言以对。

阅读完这则材料后，学生的文章大都是从"学无止境"

这个角度来立意的。但也有少数学生反其道而行之：首先，徒弟要求"出山"，想"独闯天下"，并没有什么不对的。其次，徒弟要求出山的理由是否合理，有待商榷。"满了，装不下了"，好像难以为其辩白；但"我已经学够了"，却有"满了""厌了"两重含义。这就为"合理"打开了一个新的"口子"。他为什么愚钝地自以为满？又为什么学而生厌？我们只能到师傅这一次"装碗"的教学中去寻找答案了。于是，这些学生的作文没有固守材料"公认"的寓意，而流露出批判的锋芒。

（2）激发"雅努斯式"的创造思维

"雅努斯式"思维是一种对立统一的思维方式，它要求我们同时从同一事物的两个对立面出发去思考问题。它一反传统的单一角度分析法，采取"双向"角度进行分析和立意，既有创造性，又不失辩证性。我经常列举日常生活中包含雅努斯式思维的实例，如塞翁失马的"祸福相倚"、"糖衣炮弹"的险恶用心、曼陀罗的致命与治病、细菌学家巴斯德的"预防接种"等，启发学生去分清主次，比较鉴别，在联系实际中，把立意上升到哲学高度，同时选择好新视角进行作文。

没有了征人送行，又怎会有为良人缝寒衣的怨妇的叹息？没有了君臣相隔，又怎会有"文死谏，武死战"的激昂正气和《出师表》的赤子忠心？没有了父亲为小女儿"清辉玉臂"的月下守望，又怎会有一出出《阳关三叠》，一幕幕折柳赠别，一涟涟十里长亭的泪，一句句"莫愁前路无知己，天下谁人不识君"的安慰？

（3）激发"黑格尔式"的创造思维

这种思维是一种嫁接式的逆向思维，需融合一种观念及其反面，形成第三种观念，即变成一种独立的新观念。这种思维方式在生活中并不多见，但用心去发现、去冥想，就会有所收获，从而使文章的立意"更上一层楼"。

我班上有位农村的同学，他在一次生煤炉烧饭时发现，往煤炉里加水，煤球反而烧得更旺，饭菜烧出来也更香，于是写出一篇作文《水火也能相容》。作者独辟蹊径，迸发出了"黑格尔式"的创造思维。这种逆向思维立意，"见人之所未见，发人之所未发"，确实给人耳目一新的感觉。

思维能力是语文能力的核心，而创造性思维是一种具有开创意义的高智能的思维活动，其对人整体思维能力的发展意义重大。在作文教学中培养学生思维的创造性、突破性，无疑是每个语文教育工作者的责任与义务。

辩证思维使人具备理性。不仅优秀的议论文需要辩证思维，文明的发展、时代的进步更需要我们具备理性辩证思维！

发挥教学智慧，营造灵动气氛

　　灵动课堂，是学生绽放生命的课堂，是充满活力与灵气的舞台。灵动课堂，不是由教师独到的教学设计创设而成的，而是由师生之间碰撞出的智慧火花点亮的。在灵动课堂中，教师要营造生动、活泼、和谐的教学氛围，激发学生的学习热情，唤起学生的自主性、能动性和创造性，进而促使学生以最佳的精神状态，乐意、自觉地以主人翁的态度积极参与到学习中来。语文灵动课堂的构建，绝不仅仅是前面分析的三个方面，还有很多很多的方面，很多很多的方式。

1.创设学习情境

　　情境学习的重要性不言而喻，无情境不教学，无情境不命题。突出情境性、实践性是本轮课程改革的重要理念。相关标准性文件要求教师在教学中要创设综合性学习情境，使学生进行自主、合作、探究学习，要根据学生的发展需求，围绕学习任务群创设能够引领学生深度、广泛参与的学习情境。有效的语文实践活动情境，有利于学生语文学科核心素养的形成、发展，因此，语文教学要注重创设有意义的互动学习环境，帮助学生有效投入语言实践活动。

语文实践活动情境包括个人体验情境、社会生活情境和学科认知情境。教师可以根据教学目标，通过创设不同的具体情境让学生完成相关的学习任务。

语文教学有多种多样的方式，情境教学自有它的优势：它以学生发展为中心，注重体现学生的主体地位，体现教师与学生的合作以及交流精神，十分符合新课程标准的理念。我们须知，平庸的教师只是叙述，较好的教师是讲解，优秀的教师是示范，伟大的教师是启发。

语文教学的学（研）习活动要考虑到情境，情境是为教学内容而创设的，创设情境要接近学生的生活经验，要能够促使学生深度学习。

以下是我所在的工作室的两位老师所创设的情境：

●罗颖老师在教《芣苢》和《插秧歌》时，具体设置了四个情境：

情境一：新宁县第一中学第十六届文体艺术节正在如火

如荼地开展着。"劳动之歌"展厅的一角，取用了《芣苢》和《插秧歌》两首古诗作为展览的题材。假设，你是"劳动之歌"展厅的解说员，请为参观者有感情地朗诵所要展示的诗歌。

情境二："劳动之歌"展厅在对外宣传的时候，需要一张宣传海报，假如由你来负责海报制作，你会在海报上画什么？请说明理由。

情境三："劳动之歌"的宣传海报上，需要一段以"劳动是什么"为主题的宣传语，请你结合诗歌内容试着写出。

情境四：参观完"劳动之歌"展厅后，同学们就"在生产力高度发达的今天，我们是否还需要参加体力劳动"展开了大讨论，有人说随着科技的进步，体力劳动已经没有存在的价值了，也有人说无论什么时候，体力劳动都是有其价值的。你赞同哪种说法，请说明理由。

●倪冬云老师参加第四届高中语文名师工作室湘军联盟湘粤省际联合研讨会时，执教了《归园田居（其一）》一课。她开始的教学设计分为诵读、赏析、探究、拓展四个环节，我建议她从情境设置和活动安排上进行修改。修改后，她主要设置了一个情境、三个活动：

新宁县第一中学高492班班委会正在筹备一个"陶渊明归隐探讨会"，请你阅读《归园田居（其一）》，并结合陶渊明的生平和其他作品，按照下列活动，做好发言准备：

活动一：以客观叙述者的身份述说陶渊明的归隐生活；

活动二：以陶渊明的身份述说归隐原因；

活动三：以当代学生的身份分析陶渊明的归隐。

2.设计适合学生参与的教学活动

只有学生在课堂上愿意参与、乐于参与、踊跃参与，我们才能最大限度地达成教学目标。试想，教师在课堂上讲得头头是道，甚至眉飞色舞，但学生在下面无动于衷，那我们讲得再好、再深、再透，又有什么用呢？难道不是在做无用功吗？教学的最终目的是学生能学会并且能加以运用。所以，课堂上设计适合学生参与的教学活动尤为重要，这样也更能增加课堂的灵动性。

倡导以活动形式开展教学，这是高中语文新课标、新教材的一个创新点。从教材的活动设计来看，大多数活动都要求在课堂教学中实施，所以我们要有"在课堂教学中活动，用课堂教学来活动"的教学理念。课堂教学的活动形式，要注重以学生为主体，调动学生学习的主动性。

教学统编新版高中语文必修上册第一单元时，在学习完五首诗歌后，我就在班里举行了以"绽放青春价值"为主题的原创诗歌朗诵赛。在学习课文诗歌的过程中，我让学生积极创作自己的诗歌；学完课文诗歌后，每组选出一首最满意的原创诗歌在全班展示。展示形式不限，可以个人诵读，也可以小组合作诵读，展示时可以配乐，也可以用PPT做出背景。朗诵赛由语文科代表（也可以是其他同学）主持，事先制定好评分标准，每组选出一个代表与语文老师一起打分；各个小组展示完毕后，选出"最动人的青春诗"。

3.新型媒介进课堂

信息化环境下，语文教学需要进一步探索教学流程、资源支持、教学支持、资源评估等影响学生学习的各种要素所发生的新变化，积极探索信息化环境下的语文教学新模式。语文课堂上，适当运用新型传播媒介，比如微信、抖音、美篇等，将其与教学结合起来，增强学生学习的主动性和积极性，不仅能使我们的教学适应时代的发展，也能增强课堂的灵动性。

我在教学《"探界者"钟扬》一文时，就选用了抖音直播的方式。安排一位同学做助播，带领大家选出最能为家乡新宁丰田代言的名人，大家一致选择了钟扬。"钟扬"上台担任主播，其他同学担任"钟粉"。整堂课设置了"主播自秀""我想和你说""主播粉丝互动"等环节。整堂课基本都是学生在活动，老师只是做总结和点评。当然课前教师和学生都需要做大量的准备工作：教师要精心设计好教学活动的流程；同学们要收集大量有关钟扬的资料，并充分阅读课文；"主播""助播"也要事先进行演练。

4.尝试新的课堂形式

如果条件允许，我们不妨偶尔尝试一些全新的课堂形式，比如计算机辅助教学（CAI）、头脑风暴、鱼缸讨论法、圆桌论坛等。学生面对一种全新的课堂形式，会有一种新鲜感，课堂上也就会更投入；学生一旦投入于学习，沉醉课堂，我们的课也就成功了。

一次辩论赛，辩论的主题是"当代年轻人面对焦虑，应该逼自己一把还是放自己一马"。我将学生带入学校的排练大厅，按照鱼缸式讨论法的需要布置赛场：学生的座位分为内圈、外圈两大部分；内圈九个座位围成一个小圆圈，辩论双方各四个座位，主持人一个座位；其余参与倾听和表决的同学坐外围的一个大圆圈（即外圈）；教师只参与旁听。学生们思维活跃，在课堂上表现优异，整个辩论过程，趣味性与智慧性兼具。

5.借助其他学科知识

我们应让学生在生活和跨学科的学习中学语文、用语文，使他们能综合运用在语文与其他学科中获得的知识、能力、方法。反过来，其他学科的知识也应为学生们的语文学习服务。比如散文的特点是"形散而神不散"，在教学中如果我们能紧紧扣住这一特点，并巧妙利用其他学科的一些知识加以补充说明，就可能收到意想不到的教学效果。

在教学《荷塘月色》一课时，我就参考了数学中的坐标曲线图。我在教学中主要设置了两个环节。

第一个环节，绘制情绪曲线图。教学时，我先画出如下的图形：

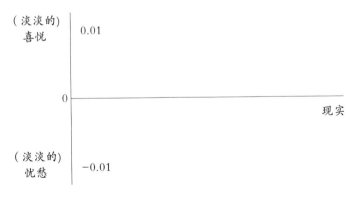

然后要求学生根据上图，按数学中的正、余弦函数图像来绘制作者的情绪曲线图，并标出作者情绪变化时所处的地

点。学生经过仔细阅读，绘出的图形可能不尽相同。我指导学生分析哪些图形最能反映课文的"真实面目"，然后选择最有代表性的图形进行展示：

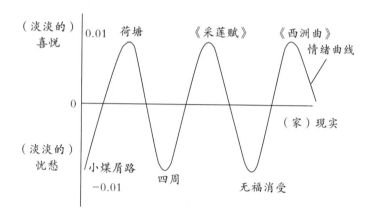

第二个环节，巧妙利用曲线图整体把握课文。

这个图，基本上可以联系起文中所有重要的知识点：

第一，从对应的曲线中可以看出，作者的心情不是狂喜大悲，而是淡淡的喜悦和淡淡的忧愁。

第二，从文中我们可以厘清作者的行踪：家—荷塘—家，这一行踪可与图中的情绪曲线相对应，使学生随"行"悟情。

第三，从探究作者的行踪出发，引发学生思考：作者为何要去荷塘？

首先设置情境，让学生自己体会：在自己考试成绩不理想时，你会有哪些举动？学生可能会说很多种答案，但我们要注意把握（或引导出）这一种可能：会出去走走，排遣自己的愁绪。

老师可以进一步问：那么作者为何此时要出去走走呢？用书上的话来说即"这几天心里颇不宁静"。

第四，作者为何心里不宁静？这个提问就很自然地将话题过渡到了本文的背景介绍：1927年蒋介石发动了反革命政变，作者感到前途渺茫，心里苦闷、彷徨，故而说"这几天心里颇不宁静"。基于这样的心情，作者要出去消愁解闷。如图中的曲线所示，作者时时想超脱现实，但又时时摆脱不了现实，且不时坠入到苦闷之中。

第五，从曲线图中感悟本文"形散而神聚"的特点。

抓住了作者的"情"，就等于抓住了这篇文章的"神"，也就抓住了这篇文章的根本。而散文的特点是"形散神聚""一切景语皆情语"，散文的"形""景"就相当于一粒粒的珍珠，而"神""情"就相当于贯穿珍珠的线，抓住了这一根线，便可控制住每一粒珍珠。

6.发挥教学机智性，营造灵动气氛

课堂上，教师不仅要精心准备教学内容，选用灵动的教学方式，而且还要善于发挥教学"机智性"，调控课堂气氛，使课堂富有灵动性。活跃的课堂气氛有利于学生接受和消化课堂所学内容。课堂的灵动性不仅表现在整个课堂，也表现在某个教学环节，甚至某一环节中的某处细节。

比如故设悬念。老师先设置一个悬念，引导学生思考，然后适时点出意料之外又在情理之中的结果，学生就会恍然大悟，就会感觉愉悦。

我曾经给学生讲过一个不太雅的故事：

读书交流会上，在学生畅谈《西游记》的读后感时，我跟学生说，长大以后，你们都要做一只"白骨精"。学生愕然。我旋即解释："白，是指为人处世要清清白白；骨，是指无论何时何地，无论什么情况，都要有骨气；精，是指知识要学精，技艺要学精。"学生释然。

比如借助辅助语言。语文老师讲评作文的一大尴尬是学生对要点评的文章不闻不问，以至于找不出修改的方法。我给学生讲评作文时，常喜欢选中等水平的习作进行"解剖"。但我会故意添油加醋，读得眉飞色舞、趣味横生，以求让学生印象深刻，再与其谈论改进之法。比如下面这段文字：

我的生活"此起彼伏"，坎坷、弯曲"一如既往"地伴随着我。它们如同我的挚友，总是在我犯错误的时候，给我讲道理，把选择权留给我，不会溺爱我，不会宠坏我。因为命在自己手里，人定胜天。茫茫人世，它们就像我的军师，一步步指引我，又像是阳光陪伴着我，像警钟一样时刻提醒着我。当我一次又一次地迎接新挑战，一天又一天地面对新生活时，那一道道耀眼的初阳，就是给我最珍贵的慰赏。它们给我的爱，默默渗透进了每一个细节、每一寸皮肤。我那如绵羊般美好的未来，在它们的百般呵护下，一点一点地清晰起来。

（读完后，教室一片掌声）

老师：这段文字写得特别好吗？你们这么热烈地鼓掌？

学生：是老师你读得太好了！

老师：那你们仔细思考，从哪些方面修改，文章会更加好？

比如佯装不知。佯装不是故意搞笑，而是有目的地让学生明白某种道理。

有一次我在教《项脊轩志》时，一个学生"砰"的一声破门而入，径直入座。我未予理会，继续就文章问其他学生："'娘以指叩门扉'，为何用'叩'，而不用'捶''破'等字眼呢？"学生答道："除了显示出'娘'对儿子的体贴温柔，还显示出'娘'有教养。"然后我轻声问"无礼"的学生："你说他说得对吗？"我故意采用这种方式，既巧妙地教育了迟到的学生，又活跃了课堂气氛。

比如巧置疑点。老师在上课时，可以结合教学内容设计出既幽默风趣又"私藏"知识点的问题，让学生于轻松的学习氛围中长见识。

一堂以"知识的力量"为话题的作文指导课，为了让同学们感受知识的价值，我先出了一个小题目："张三廉价购进了一批质地优良的汗衫，计划去阿拉伯沙漠地区出售，请问张三此次买卖大概要付出哪几项成本？"同学们随口应答："本金、运费、房屋租赁费、食宿费等。"我微笑，似乎还在期待着什么。同学们窃窃私语，又勉强说出税金、意外损耗等几种"成本"。最后我说："同学们，有谁见过阿拉伯人穿着汗衫到处跑的？那儿的太阳很毒，外出的人基本上是一袭长袍，头上还扎着布，大家不要以为热的地方，人们就一定得穿汗衫。"同学们恍然大悟："那就滞销啦，卖不掉！"我说："所以，最大的成本你们没有说，那就是无知！"

比如适当幽默。有时课堂气氛比较沉闷，或者学生心不在焉，这时教师如果能适当使用一些活跃课堂气氛的幽默小技巧，或许能让课堂充满活力，取得意想不到的效果。

一个人直率，我故意说这个人是"一根屁股通肠子"；一个人喜欢寻衅闹事，我故意说这个人"喜欢红刀子进去白刀子出来"；有时我故意把学生的姓名倒着念；有时学生昏昏欲睡，我故意说"七仙女跟你说了什么悄悄话"……

比如巧借错误。学生在学习时难免会出现偏差或失误，教师可以以这些错误为突破口，因势利导，组织学生再度学习，让学生全身心投入"出错""纠错"的过程中，从而演绎出课堂的精彩。

讲王熙凤的外貌描写，读到"身量苗条，体格风骚"时，学生们哄然大笑。我知道，他们把"风骚"理解成现代意义上的"举止轻佻放荡"了。我发问："风骚的主语是什么？"学生："体格。"我再问："体格能风骚吗？那么这里的风骚是不是有另外的含义？"我把握住这个机会，把"风骚"这个词的其他几种含义都讲了一下。

衡量语文课堂的灵动性必须从学生学习的角度出发，要看学生在课堂上的学习是否积极主动。因为课堂首先是学生的课堂，学生永远是课堂的主角。这就要求教师在课堂教学活动中，从学生个体的发展需要出发，精心设计教学细节，给学生自主支配的时间和空间，最大限度激发学生的智慧、思维和潜能。

练好自身功，上好灵动课

灵动课堂的精彩来源于学生，是学生积极的交流讨论、合作探究或者自主探究感染了老师；灵动课堂的精彩来源于老师，是老师灵活的教学方式给了学生充分表现自我的机会；灵动课堂的精彩来源于师生的配合，只有老师珍惜学生的"奇思妙想"，学生珍惜老师的谆谆教诲，课堂才会充满活力，师生才能共同体验到探索的乐趣、成功的喜悦。构建灵动课堂，对我们老师提出了很多要求。

1.顺应时势，教学转型

新课程改革第三个十年的重要特征之一是强调学生学习方式的转型。新课改倡导多元学习方式，从单一"学"走向"学"与"习"并重，从"积木式学习"走向"拼图式学习"，从"感觉式学习"走向"规划式学习"，从"圈内学习"走向跨圈层的"跨界学习"，从"个体学习"走向"团队、群体学习"，从"学以致用的学习"走向"用以致学的学习"。

缘于此，语文教学要更加重视培养学生独立思考的能力，让学生"多思考几步""多思考几次""多思考几层""多自己思考"。

相应地，我们的教学也要转型，要从教学改革走向学程改造，要从关注教走向关注学，比如关注学生的学习软肋，关注学生的多元学习方式，研究"学困生"学习方式的改进等。

现在很多学校的教师队伍都呈现出"两头多中间少"的特点，即年龄大的老师多，年轻老师多，中年老师少。不少年龄大的老师疏于教学改革，而不少年轻老师又不敢大胆改革。这与新的课程改革的要求是不相符的。就新教材教学问题，我曾在某市下面的五所普通高中的语文老师中做过调查。调查结果显示，真正开展了群文教学的老师不到12%，真正进行了整本书阅读教学的不到15%。绝大部分老师施行的，仍是单篇教学，采用的教学模式也十分传统。

新课程倡导的主要学习方式是自主、合作、探究，要求以弘扬人的主体性、能动性、独立性为宗旨，"自主、合作、探究"将成为世界性的学习方式。相应地，我们的课堂也要有"课标味道"，要让自己的教学充满改革味、项目味、成果味等。如果我们的学校教育所用的还是以"教师讲授、学生记忆"为特征的教学模式，那么我们就永远跟不上时代的步伐。

我们需要根据学生的接受情况随时对教学内容、教学环节、教学流程进行适当的调整。我们的每一堂课都需要树立几种"意识"："服务"意识——为学生的学习服务；"需要"意识——为学生的需要服务；"生成"意识——根据课上发生的情况或某种需要，随机调整；"效果"意识——力争让学生一课一得。

我们的课堂关注点、重心要从教案预设转为课堂动态生成。一位名人曾说，当你身居高位时，看到的都是浮华春梦；当你身处卑微，才有机缘看到世态真相。这与我们的教学也是相通的，好的老师都是能够站在学生的角度思考教学的，而教学有问题的老师则多半是没有站在学生的角度思考问题的。

比如语文教学中的阅读教学，曾有一位全国统编教材的编写者强调过，阅读教学要转型，要重视培养学生在真实情境中解决复杂问题的能力，"让学生来做事儿"。教师只是设置任务、选择资源、提供情境、开展活动；学生则运用智慧，通过实践解决问题、完成任务。

我曾鼓励倪冬云老师进行过一堂群文教学课的改进。倪老师选择的是新教材必修上册第七单元的《赤壁赋》《登泰山记》的第三课时（前两个课时主要是梳理两篇文章的大意）。

原来的设计主要有三个环节：

（1）读：分角色有感情地朗诵两篇文章。

（2）研：分组合作探究两个问题。

两篇文章在写景上分别有什么特色？有什么相同之处？又有什么不同之处？

两篇文章分别抒发了什么情感？

（3）拓：失意人生的不同选择。

《赤壁赋》的特点是"以文为赋"，《登泰山记》是"桐城散文"，但两篇文章均写于作者失意之时。苏轼因"乌台诗案"被贬为黄州团练副使，姚鼐因与当时文坛大家观点不符而辞官，同样是面对不公平的命运，苏轼与姚鼐的选择却有很大区别，从中你得到了什么启示？

这个设计本来已经很不错了，但我总隐隐觉得与新课改的要求还有那么一点点距离，似乎还可以改进。于是我提醒她，是否可以以"通过游踪梳理景物和场面"为切入点设置本课群文阅读的目标。我建议她通过设置具体情境，以让学生自己活动的方式来开展教学活动。在我的提示下，她大胆改进。

修改稿提纲：

学习活动一：配解说词或者导游词

A组：湖北黄冈赤壁景区为了提升赤壁文化的影响力，拟请苏轼作为代言人，请你以苏轼的身份为赤壁选几幅宣传画，要求给每幅宣传画定好名称并配上解说词。

B组：根据课外收集的有关泰山的资料并结合课本内容，以小组为单位拟写一份导游词并为游客安排好冬季二日游，要求在导游词中凸显出具体线路和景点。

学习活动二：设计景点推广词

黄冈旅游和泰山旅游的开发商，现在都需要做一项推广旅游的活动，请你给某一景点写一段推广词。A组给黄冈旅游的开发商写；B组给泰山旅游的开发商写。

学习活动三：畅谈自己的感悟

黄冈旅游和泰山旅游为了凸显景区的人文底蕴，邀请你参加"景区文化建设座谈会"，请你分别以《赤壁赋》和《登泰山记》为轴进行发言。

2.挑战自己，躬耕力行

新时代对我们的语文老师提出了新要求——教师应该引导学生带着问题在一定的情境中学习、研讨，即要让学生去做事，让学生有事可做；教师不能仅仅以教材设计已经提供的活动来教学，更需要根据合适的情境，自行设计一些更加有趣、贴切、符合学生学习特点的活动来完成教学任务。

很多有进取心的老师确实非常努力，他们在教学上力求创新，总想着怎样将自己的课上得更出色。其中就有相当一部分老师走上了"邪路"，他们一味专注于设计教学流程，精心制作教学课件，把课上得"花枝招展"，可却忽视了学情，忽视了学生的实际需要！这对于学生来说，是好的吗？他们的思维得到了开发吗？他们的灵魂得到了升华吗？他们的情操得到了陶冶吗？

"新"不代表课堂灵动，真正的灵动课堂要以学生为主体，充分发挥学生的主观能动性，调动他们的积极性。在课堂上，教师应多关注学生的言行，不能只沉浸在自己设计的教案中，被课件牵着走，更不能以此为目标，牵学生走。这样会限制学生思维的发展，遏制他们能力的提升。作为教师，我们要转变自己的观念，不断挑战自己，挑战自己的课堂，要允许有分歧。对于那些看似答非所问的答案，切不可装作没听见，一带而过；更不可怒目圆睁，吓唬学生咽下后半句。我们应学会以欣赏的眼光看待学生、发现学生身上的闪光点，帮助他们更好地发展。

新教材必修上册、下册几乎每个单元都安排有"单元学习任务"，选择性必修上册、中册、下册几乎每个单元都安排有"单元研习任务"，这些内容，很多老师是基本不管的，要么认为教学难度大，要么认为与考试没有什么关系，所以干脆不教。其实，教材安排"学（研）习任务"，正是为了克服长期以来教师单向灌输过多、学生主动学习不足的弊端，目的是推进学生"在做中学"，让学生在情境中通过参与语言实践活动提升运用语言文字的能力。这些"学（研）习活动"，对提升学生的语文素养是很有帮助的，我们不仅要"教"，而且要"教"好。当然，教学的方式可以灵活多样，或者穿插在课文教学中，或者集中安排课时。

比如必修上册第一单元的"单元学习任务"，我就设计了三个学习活动：

活动一："我的青春经典"好书（作品）推荐会

请从自己对青春的理解和自己的阅读兴趣出发，向同学们推荐青春题材小说两部（篇），为作品撰写推荐语，要求言简意赅，有说服力与感染力，能激发同学的阅读兴趣。四至六人为一小组，以小组为单位进行展示，并制作图文并茂的学习卡，张贴到班级学习专栏里。

经典篇目推荐：《谁的青春不迷茫》（刘同）、《青春之歌》（杨沫）、《牧羊少年奇幻之旅》（柯艾略）、《神秘岛》（儒勒·凡尔纳）、《爱的教育》（亚米契斯）、《红与黑》（司汤达）、《德伯家的苔丝》（哈代）、《雾都孤儿》（狄更斯）、《简·爱》（勃朗特）、《钢铁是怎样炼成的》（奥斯特洛夫斯基）、《唐·吉诃德》（塞万提斯）、《麦田里的守望者》（塞林格）。

活动二："青春礼赞"诗歌朗诵会

从中外经典诗歌和同学们自己创作的诗歌习作中挑选适合朗诵的作品，先在小组内朗诵展示，同学之间相互交流指正，为朗诵会做好准备。

（1）我选我秀：每组推选一位优秀者参加班级展示，集体帮助选择合适的音乐，配乐朗诵。鼓励毛遂自荐。

（2）我做主持：班级推荐两名主持人，举办班级"青春礼赞"诗歌朗诵会。

（3）好诗我评：组建由五人或七人组成的评委团，评出一、二、三等奖若干。

（4）推选二人或三人充当点评嘉宾，对朗诵作品进行点评。

活动三：诗化小说初步探究

比较阅读《边城》《百合花》中景物与风俗描写的内容，体会"《边城》《百合花》都注重景物与风俗描写，善于营造抒情场景而没有太多的矛盾冲突"的创作风格。

（1）《边城》《百合花》与我们平常阅读的一般小说在素材选择、情节设置及语言表达上有什么不同？（提示：注重景物与风俗描写，善于营造场景，淡化情节，淡化冲突，选择运用诗化的语言。）

（2）这种风格有什么不一样的艺术魅力？

3.不断反思，不断进步

坚持教学反思可以提升教师的专业素养，增强教师的创新意识。一个教师写一辈子教案可能都难以成为名师，但如果写三年反思则有可能成为名师。适时的反思，对教师的成长是非常关键的。可以说，教学反思是教师专业成长的"催化剂"。

教学反思的方式灵活多样，可以课前反思，可以课中反思，也可以课后反思；可以总结这堂课的成功之处，也可以反思这节课的不足之处。

教学之前，我们要注意重新审视自己的教案，质疑自己的教案，找出教案中重点、难点不突出的地方加以补充，教学方式与策略不妥的方面加以改进，低效或无效的问题加以删改等。

教学之中，我们要注意随时对自己的课堂进行观察：当学生精神不佳时，我们怎样使他们精神振奋；当学生过度兴奋时，我们怎样使他们趋于平静；当学生毫无头绪时，我们如何适时地加以引导；当学生没有信心时，我们又该如何加以调控等。

教学之余，我们可以不断反思自己：这节课到底有没有戳中学生的"痛点"？是不是真正让学生学有所得？这篇课文还可以采取更好的教法吗？在教学上，还可以采取哪些方式更好地启发学生的思维？文章还有哪些值得深入挖掘的地方？

教完《祝福》后，我在想，这篇小说的情节安排、形象刻画、环境描写等，确实别具匠心，那小说在字词的锤炼和人物称谓上是否有独到之处呢？

● "我又无聊赖的到窗下的案头去一翻，只见一堆似乎未必完全的《康熙字典》，一部《近思录集注》和一部《四书衬》。"作者何以在《康熙字典》前用"一堆"，而在《近思录集注》《四书衬》前却用"一部"呢？

我们知道，《康熙字典》是一部识文断字的工具书，而

《近思录集注》《四书衬》则是封建礼教的正统著作。作者正是巧妙地运用了这两个量词进行形象的对比，写出了前者的凌乱、残缺，后者的整洁、完整，从而深刻具体地刻画了那种不学无术、虚伪和正统的封建伪道士面目。原来，鲁四老爷的《康熙字典》只是用来装点门面的，他甚至从来就没有读过，而《近思录集注》《四书衬》，他是特别看重并且十分珍惜的。所以这两处量词既是对《康熙字典》和《近思录集注》《四书衬》的修饰，也是对人物思想、性格的形象注释，真可谓唯著两字，境界皆出。

●"四叔"这个人物的称谓有什么讲究吗？

"四叔"是小说中"我"对鲁四老爷的称谓，关于使用这个称谓的理由，作者特别进行了一番说明：

虽说故乡，然而已没有家，所以只得暂寓在鲁四老爷的宅子里。他是我的本家，比我长一辈，应该称之曰"四叔"，是一个讲理学的老监生。

如果将以上文句中第一句的"鲁四老爷"换作"我四叔"，那么句子简练、清楚、明白得多，后面的"本家""长一辈"也就成了赘言了，更何况称"四叔"是天经地义的，无所谓"应该"或不应该。再说给"四叔"加引号也表明该称谓要么是强调，要么是有特殊含义。

其实，在这里，鲁迅先生运用了"谐音双关"的手法，他用这种方式介绍给读者的那个"四叔",就是一本"四书"。那些特殊的介绍文字就是给读者的暗示,其中"应该称之"可理解为"简直犹如"。

文中关于"四叔"的描写无一不与"四书"有关,我们只要稍加留意就不难体察作者的特别用心:"四叔"的身份是讲理学的老监生,而理学是宋明儒家对"四书五经"思想内容的继承和发展;"四叔"的政治主张是"大骂其新党",顽固维护以"四书五经"为思想基础的封建统治;"四叔"的座右铭(半副对联)"事理通达心气和平"源自《论语集注》;"四叔"所用之书是《四书衬》以及理学家选编的《近思录集注》,就连使用的工具书也是钦定的;在祥林嫂再嫁、死亡等事件的态度上,"四叔"无一例外地遵从《四书》的教条并以此来表达自己的好恶,他成了地地道道、彻头彻尾的"四书"——封建思想文化最集中的体现者。

总之,将鲁四老爷这个形象称为"四叔"("四书"),不能不说是作者艺术构思上的匠心独运,也表明作者将控诉的锋芒直接指向腐蚀人们灵魂的封建礼教和封建文化思想。

总而言之,灵动课堂应该是师生平等,师生真诚对话、自由思考、共同进步的课堂。教师是学生探讨问题的同伴,而不是高高在上的权威人物。灵动课堂是真正体现以生为本、以学为本的思维理念的课堂，是智慧生成的动态课堂。

正如一口沉寂的池塘，只要注入一股流动的活水，里面的鱼儿就会愉快地跳起来；

正如一片沉闷的林子，只要吹来一丝清凉的微风，里面的鸟儿就会欢快地叫起来；

一堂岑寂的语文课，只要在表现学生的才气上用功夫，学生们就会愉悦地动起来；

一堂乏味的语文课，只要在表现学生的灵动上细谋划，学生们就会雀跃地"嗨"起来；

一堂平淡的语文课，只要在表现理性的思辨上使巧劲，学生们就会自然地笑起来！

第 三 章

灵动课堂教学设计精选

《登泰山记》教学设计（第二课时）

教学目标

1.运用联想、想象感受泰山的山水美和人文美。

2.培养学生对祖国河山的热爱之情。

教学重点难点

借鉴情景交融手法，尝试创作，提升对自然的感受能力，提升审美能力和语言表达能力。

导入

赛一赛：以小组为单位，写出与泰山有关的诗句、俗语、成语等。

孔子登东山而小鲁，登泰山而小天下。——孟子

会当凌绝顶，一览众山小。 ——杜甫

人固有一死，或重于泰山，或轻于鸿毛，用之所趋异也。——司马迁

泰山崩于前而色不变；人心齐，泰山移；有眼不识泰山；稳如泰山；安如泰山；一叶障目，不见泰山；泰山压顶不弯腰；泰山北斗（比喻因德高望重或有卓越成就而为众人所崇仰的人，又称泰斗）；泰山泰水（旧时称妻父为泰山，称妻母为泰水，又因泰山古称东岳，故妻父又称岳父，妻母则称岳母）……

泰山，五岳之首，它那磅礴的气势和无与伦比的日出景观，吸引了众多登临者，而这些登临者又以他们那绝妙的诗章为这座名山增添了无限的光彩，使之名扬天下。今天我们一起阅读《登泰山记》，以文为引，共同领略泰山的山水之美、文化之美。

学习活动一：设计导游词

1.A组任务：根据课外收集的有关泰山的资料并结合课本内容，以小组为单位设计导游词。

2.从A组选择两份导游词上台展示。

导游词示例：泰山，古名岱山，又称岱宗，历来有"五岳独尊"之誉。其自然景观雄伟绝奇，有数千年精神文化的

渗透渲染和人文景观的烘托，被誉为"中华民族精神文化的缩影"，被联合国教科文组织批准列为世界文化与自然双重遗产。

泰山位于山东省中部，盘卧面积达426平方千米，主峰海拔1500多米。东临大海，西靠黄河。泰山自然景观独步天下，泰山日出、晚霞夕照、黄河金带、云海玉盘被称为泰山四绝。泰山受到历代帝王的尊崇，把它当作江山永固的象征；泰山受到历代文人的礼赞，山上留有上千处题咏刻石，登泰山极顶，能识尽泰山真面目，无限风光尽眼收。

3.其他组同学评议。

4.教师总结。

导游词是导游引导游客观光游览时的讲解词，是导游同游客交流思想，向游客传播文化知识的工具。

一篇完整的导游词，其结构一般包括习惯用语、概括介绍、重点讲解三个部分。

习惯用语又分为两个部分：见面时的开头语和离别时的告别语。开头语包括问候语、欢迎语、介绍语、游览注意事项和对游客的希望五个方面，放在导游词的最前面。

概括介绍是用概述法介绍旅游景点的位置、范围、地位、意义、历史、现状和发展前景等，目的是帮助旅游者对景点形成总体了解，引起游览兴趣，以求"未成曲调先有情"。概括介绍根据时间和游客情况，可长可短，可详可略。

重点讲解是对旅游线路上的重点景观从景点成因、历史传说、文化背景、审美功能等方面进行详细讲解，使旅游者对旅游目的地有一个全面、正确的了解。同时导游要提醒旅游者注意自己携带的东西，保管好自己的随身物品，这是导游词最重要的组成部分。

学习活动二：设计游程

1.B组任务：以小组为单位结合课文内容，为游客安排好冬季二日游。

2.从B组选择两份游程安排上台展示。

示例：

第一天：从泰安城出发，登山至南天门，观赏泰山晚霞夕照，宿山顶。

第二天：五鼓起身，在日观亭看泰山日出，上午游岱祠、碧霞祠、泰山行宫。下午返程途中观道中石刻，赏泰山松。

3.其他组同学评议。

4.教师总结。

还可以制成"游程（行程）安排表"，比如：

日期	游程	内容
第一天		
第二天		

学习活动三：设计景点推广词

1.C组任务：假如泰山旅游的开发商，现在需要你做一个推广泰山旅游的活动，你会给泰山的景点取什么名字？请给所选景点写一段推广词。

2.从C组选择两份景点推广词上台展示。

示例一：苍山负雪图（泰山夕照图）

登上山顶，极目远眺，群山背负着白雪，苍茫圣洁；虬枝上挂满了银条，粉妆玉砌。山的连绵增添了雪的气势，雪的洁白增添了山的明净。雪光折射到西南天空，给暮色增添了明亮；晚霞映照着群峰，给白雪覆上了一层淡红的轻纱。真是"红装素裹，分外妖娆"。半山的云雾丝丝缕缕，缠绕山间，像粉妆女子轻歌曼舞。山水雪雾相融合，日光城郭相交织，形成一幅壮丽优美的山水画。

示例二：泰山日出图

冬日清晨，天空刚泛出鱼肚白。一行人便挽扶着登上日观峰，脚下云雾漫漫，耳畔松涛阵阵，坐在日观亭上，有腾云驾雾之感。远方的山峦在雾气中隐现，似海市蜃楼；近处的山峰在云涛中出没，似美人遮面。注目东方，海天之间浮出一条彩线，顷刻，彩线扩大了它的范围，变为绚丽的彩带，彩带慢慢扩大为红色的海洋，红光汹涌着、摇荡着。太阳像是负着什么重担似的，慢慢地从海中升起。刹那间，这深红的东西，便发出令人目眩的光亮，云彩被染红了，雪峰被染红了，日观峰上的游人也沐浴在红色的朝阳中。

3.其他组同学评议。

4.教师总结。

景点推广词与导游词有异曲同工之妙，均是导游向游客传播经典文化知识的工具，一般要求把景点的具体内容和景物特点用优美的文字呈现出来，真正起到宣传景点、吸引游客的作用。

作业

从文中选择一个令你"心动"的画面，确定拍摄主题，撰写一个5分钟左右的视频拍摄脚本。

要求：

（1）主题明确，给小视频取一个富有诗意的名字；

（2）说明场景、镜头或画面顺序；

（3）说明背景音乐、文字或朗诵等插入元素的呈现方式或播放效果；

（4）小视频脚本力求表现出独特的审美心理和审美特点；

（5）课余时间完成，一周后参加"最佳脚本"评选。

设计阐释

《登泰山记》的教学设计为两课时，第一课时疏通文意。学生分组合作探究，每组4人，其中小组长1人，组员3人，利用课外时间探究，第一、二小组探究第一、二段，第三、四小组探究第三、四、五段，课堂上小组上台展示。方式：集体朗读文段，然后一人解释重点字、词、句，一人翻译该段，一人概括本段内容；每段确定一个重点组展示，另外一组进行补充。

第一课时结束后，布置小组合作探究作业：A组（包括第五、六组）以小组为单位设计一份导游词；B组（包括第七、八组）为游客安排好冬季二日游；C组（包括第九、十组）给泰山的景点写推广词。

根据单元学习任务要求，本节课的教学重点是让学生感受泰山的自然风景美和人文美。设计的学习活动中，导入环节是为学生初步感知泰山的美做准备的，三个重点学习活动是为达成学习目标服务的，撰写一个5分钟左右的视频拍摄脚本的作业是为了巩固学习目标的。

两节课贯穿的教学理念：体现学生主体地位；给学生充分的探究时间；让学生尽情展示才华。

《装在套子里的人》教学设计（第二课时）

教学目标

1.通过探究人物死因，理解别里科夫形象的典型意义和作品主题。

2.领悟因循守旧的危害性及勇于改革创新的重要性。

教学重点

别里科夫的死因及人物的典型意义。

教学难点

理解小说主题，并联系实际进行拓展。

导入

1898年夏季的一天，沙皇统治下的俄国，在一所中学的男职工宿舍里，发现一具中年男尸。据查，死者为该校希腊文教师别里科夫，死因未明。一个多世纪以后，2021年秋天，湖南省新宁县第一中学高二2008班学生组成专案组，对这一事件进行立案调查。调查涉及四个选题：案发背景、现场勘查、死者档案资料、有关人士采访。

昨天布置的任务要求是：第一小组至第四小组的同学探究别里科夫的死因。过程：小组选定其中的一个选题；小组讨论，一人执笔，共同写出该项调查报告；确定组内一人宣读。

选题报告基本格式如下：

自杀？他杀？

——"别里科夫之死"专案组调查报告

案发背景：……

现场勘查：……

死者档案资料：……

有关人士采访：……

结论：……

学习活动一：小组展示

1.各小组展示调查报告。

2.选两个组上台展示：每个组各派一名代表宣读"结案

报告",其他组同学针对结案报告发表自己的看法。

认为别里科夫是自杀的代表组陈述并说明理由。

认为别里科夫是他杀的代表组陈述并说明理由。

3.教师小结。

别里科夫之死既属于自杀的范畴,又属于他杀的范畴。一方面,从别里科夫的日常穿着与习惯,我们不难看出他的思想是极为保守的。仅仅是看到华连卡姐弟骑自行车,他便无法接受,而华连卡并无恶意的笑就足以让他想不开,以致郁郁而死。因此,思想的保守和顽固,是促使别里科夫自杀的原因之一,或者说,正是这种极端保守顽固的思想杀死了他。另一方面,别里科夫的死亦属他杀。华连卡的一笑是别里科夫死的直接原因,但从根本上说,却是沙皇统治者采取的高压政策杀害了他。可悲的是,别里科夫本人甘当统治者的鹰犬,心灵僵化死亡,这才是杀害别里科夫的罪魁祸首。综上所述,我们可以做出最终裁定:可怜的沙俄人民应当奋起推翻沙皇的残酷统治,从根本上解除人们思想的禁锢,而保守的人更应该睁开开放之眼,明眼看世,摒弃一切腐朽的制度,让思想重现生机。

学习活动二：分析性格

1.回顾任务：昨天布置的另一个任务要求是，第五小组至第八小组的同学探究别里科夫的性格，在小组讨论的基础上综合集体意见，选派一人上台展示。要求概括出别里科夫的形象特征，分析其具体性格及表现。

2.小组展示：选两个组上台展示，每个组各派一名代表。

展示示例（预设）：

别里科夫代表了生活在19世纪末沙皇统治下的俄国害怕变革、苟且偷生甚至甘心充当沙皇鹰犬的可恶、可憎、可悲、可怜的知识分子形象。

他的性格特点之一：怪。

生活习惯（有形的套子）：

穿着：晴天穿雨鞋，带雨伞，穿棉大衣，眼戴黑眼镜，耳用棉花堵，脸藏在竖起的衣领里。（胆小孤僻）

用具：伞、表、刀装在套子里。（封闭保守）

出行：坐上马车，支起车篷。（与世隔绝）

住处：卧室像箱子，床上挂帐子。（狭隘惶恐）

思想观念（无形的套子）：

歌颂过去，歌颂从没存在过的东西。（沙皇卫道士）

用所教的古代语言躲避生活。（现实的逃避者）

只信政府的告示和报纸文章。（顽固保守）

对不合规矩的事闷闷不乐；只求不出乱子。（害怕新事物）

禁闭开除学生。（维护旧制度）

他的性格特点之二：怕。害怕改变现状，害怕动摇了旧秩序，害怕新生事物。

3.教师小结。

别里科夫：孤僻胆怯，因循守旧，敌视新生事物，维护专制的猥陋、卑劣、虚伪的沙皇政府卫道士；他既代表了一股黑暗、腐朽的势力，也成了一切害怕、阻碍新生事物的代名词；他不仅是个性格典型，也是个时代典型。

别里科夫性格的二重性：既是沙皇专制制度的鹰犬，又是牺牲品；既是凶恶可怕的卫道士，又是不堪一击的可怜虫。

他的可恶之处：性格上的顽固保守、躲避现实、害怕变革和人格上的卑劣。

他的可怜之处：专制制度毒化了他的思想、心灵，使他整天六神无主、战战兢兢，为了维护专制制度而丧失了自我。他既是沙皇专制统治的维护者，也是受害者。

总之，他不但不知自己的"奴隶"身份，而且极力地想让全城的人都生活在"做稳奴隶的时代"。

学习活动三：领悟主题

1.问题探讨

（1）别里科夫为什么要把自己藏在套子里？联系时代背景分析。

时代背景：19世纪末期，俄国正处于无产阶级革命的前夜，工人运动逐渐展开，马克思主义已在全国传播，工人阶级的政党正在形成，一场革命风暴即将到来。沙皇政府面临着日益严峻的革命运动形势，极力加强反动统治，疯狂镇压人民，致使全国气氛阴沉郁闷。这种专制统治剥夺了人们的自由，而且到处都有统治者的耳目，老百姓稍有"越轨"，就会遭到无情的迫害。沙皇政府的忠实卫道士，也极力维护沙皇的反动统治。他们死守着旧有的阵地，仇视和反对一切新鲜事物。这种人不但出现在官场，而且也出现在知识界。别里科夫就是知识界的代表人物之一。

（2）全城的人又为什么被这个胆小如鼠、弱不禁风的人辖制呢？

别里科夫是沙皇专制制度的卫道士，他像鹰犬一样，到处嗅着不合当局要求的气味。旧势力顽固，周围的人怕他们，没勇气和他们斗，革命力量弱。怕的根源：沙皇专制制度。

（3）全城的人都怕别里科夫，为什么华连卡姐弟不怕?

柯瓦连科：向往自由、光明正大、敢作敢为、仇视憎恨反动保守势力的新势力代表人物。

华连卡：在婚姻问题上先前有些糊涂，为人率真、纯洁、活泼可爱、向往自由。别里科夫与她谈恋爱，说明别里科夫这类守旧、胆小、反动的人也试图走出套子，摆脱困境，但心中旧思想、旧观念、旧制度根深蒂固，他们是不可能走出套子的。

华连卡姐弟是有新思想、向往自由、敢说敢为的年轻人，代表了一种新生的进步力量。

（4）别里科夫这样的人为何会想到结婚呢？最后的结局意味着什么呢？

其实这是思想的复杂性与斗争性的表现。别里科夫固然有封闭、胆小多疑、不接受新生事物的特点，但他始终是人，他也向往美好的事物，比如活泼可爱、富有朝气、美丽的华连卡。别里科夫想要拥有婚姻，实际上是思想的斗争。自己固有的思想与有一点点想要改变的冲动之间的斗争。

"恋爱"的过程实际上也是新旧两种思想斗争的过程，

特别是他最后被华连卡的弟弟推下楼，郁闷而死，这充分表明当时的社会中别里科夫式的人物很多，但他们终将被送进坟墓，沙皇统治必将灭亡。别里科夫摔倒了，在郁闷中死去了，而华连卡看到后的表现是大笑，是不是可以理解为一种胜利呢？

（5）为什么埋葬别里科夫是一件大快人心的事？

他反对一切新生事物，扼杀自由和进步，他的存在让许多人生活在压抑和窒息的环境中，他的死使大家有了一种解脱感。

（6）别里科夫死后不久，为什么"生活又恢复旧样子"了？

结尾具有丰富而深刻的含意。"大快人心"表现了作者对新生活的向往，而不久"又恢复旧样子"却是告诉人们愿望和现实还有距离。别里科夫是社会的产物，只要那样的社会还存在，就会有新的别里科夫存在，就会一切"又恢复旧样子"。

2.归纳概括

小说的主题：推翻沙皇的残酷统治，从根本上解除思想的枷锁，要让生活有新气象，就必须变革社会，革新思想。而小说带有强烈的讽刺意味的语言更深化了这一主题。

延伸拓展

讨论：在现实生活中是否有这样或那样的"套子"？如果有，套子是什么样的？"套中人"又是怎样的形象？

讨论之后，师生共同小结：无论什么时代、哪类社会都有不同形式的"套子"和"套中人"出现。因为时代发展，社会进步，总会有变革，而改革最大的阻力就是各种"套子"，反对变革的人就是"套中人"。"套中人"除了极端维护自己的利益、仇视社会进步、逆历史潮流而动的统治者外，更多的是墨守成规、因循守旧的小人物。他们对新生事物不适应、不理解，甚至满怀恐惧，他们在思想上和行动上都抗拒社会变革。

由此我们可以感悟到，创新求活，守旧必死。这也正是这篇小说的现实意义和它的生命力所在。

附：调查报告一则

一、案发背景

1898年，沙皇统治下的俄国。由于受欧洲进步文明的影响，俄国人民要求自由民主的呼声越来越高，但沙皇政府为巩固其统治，却采取一切手段进行镇压，禁锢人们的思想言论，全国警探遍布，告密者横行，人们生活在沉闷乏味和忧惧之中。

这年夏季的一天，人们在一所中学的男教工宿舍里，发现了一具死尸，死者为男性，中年，属非正常死亡，死亡原因疑点很多。死者生前为该校希腊文教师，平时行为古怪、谨小慎微、刻板古旧，以他的思想辖制着全城。在这年的五月初突然病倒，大约一月后死亡。死前正处于恋爱中，甚至打算结婚。

二、现场勘查

死者僵直仰躺在床上，被子蒙头，头发蓬乱，脸色苍白，眼球突出，一脸恐惧，似乎生前正遭受某种恐吓或痛苦。耳内塞有棉花球，身穿羊毛衫，床头堆放有黑眼镜、棉大衣，床边放有雨鞋、雨衣、雨伞。房间里没有任何打斗的迹象。一张女士照片扔在地下，一张漫画揉成一团。最令人奇怪的是，房间的大箱子里几乎存有政府多年刊发的所有公告和文件，并标注着具体发布日期。

三、死者档案资料

姓名：别里科夫

性别：男

出生日期：×年×月×日

生前职务：某中学希腊文教师

住所：校男教工宿舍

婚配情况：未婚

口头禅：千万别闹出什么乱子

特征：晴朗的日子也穿雨衣、雨鞋，带雨伞，穿棉大衣，竖起衣领，戴黑眼镜，穿羊毛衫，用棉花团堵着耳朵眼儿。

人际关系：无密友却辖制全城，曾与女友密哈益·沙维奇·华连卡之弟柯瓦连科有过冲突，于死前一个月被其推下楼梯，但彼此没造成大的伤害。

死前状况：郁郁寡欢，闭门不出达一月之久。

死亡日期：1898年6月底或7月初。

四、有关人士采访

采访对象1：华连卡

问：请问您与别里科夫关系如何？

答：由于校长太太的竭力撮合，我们差一点点就结婚了。

问：差一点点？为什么最终没结成呢？

答：他生病前的一天到我家，从楼梯上滚了下去，那实在是太可笑了。（忍不住想笑）

问：那他怎么会从楼梯上滚下去呢？

答：这个我不太清楚，您还是去问我弟弟吧。

采访对象2：柯瓦连科

答：那天晚上他来我家，乱七八糟地说了一些奇怪的话，令我非常气愤，于是就让他走，他却威胁我，说要把我们的谈话内容报告校长，我一气之下，就推了他一把，没想到他居然滚下去了。

问：那么他说了什么让您如此生气呢？

答：他总是有那么多奇怪的想法干扰我的私生活，什么不许骑自行车，不能在大街上拿着书走，甚至不能穿绣花衬衫，简直荒谬透顶。我本来就不喜欢这个人，听他说教后就更讨厌他了。

问：那么这件事会不会成为他死亡的原因呢？

答：噢不，这绝对不可能。因为他当时安然无恙地爬了起来，离去时步伐也很稳健。但他当时看到我姐姐，好像十分尴尬。

采访对象3："我"（布尔金）

问：您觉得别里科夫是个怎样的人呢？

答：一个怪人。您要是见过他一面，就一定不会忘记他。因为即使在暖和的天气里，他也裹着棉大衣。还有，他总是说"千万别闹出什么乱子"。

问：您认为华连卡的笑对他有什么影响吗？

答：噢，他一定会想不开的，要知道，他这种人最害怕出乱子了，眼下就要跟华连卡结婚，自己却闹出这么个乱子，他心里一定受不了的。

问：有什么人和他结过怨吗？

答：没有。但实际上每个人都讨厌他，不会有人为他的死亡悲伤，但也一定没人会冒着危险去杀他，全校甚至全城的人都受着他的辖制，什么事都怕呢。

五、结论

别里科夫的死系性格抑郁型的自杀。

（调查报告素材来源于网络，有删改）

设计阐释

懂得如何启发，是教人的一大艺术。灵动课堂的本质在于通过教师的启发让学生真正动起来，为了达到这一目的，本节课的设计特别注意了三个方面。

第一，设计学生活动的有效形式。小说教学的重要目标是分析小说的人物、情节、主题、环境等，但要达成这些目标，仅靠老师的分析讲解是远远不够的。我们得让学生自己深入其中，这样，教学活动形式的设计就显得尤为重要了。让学生以小组合作探究形式撰写调查报告就是为达成这一目标而设计的。

第二，给学生充分的合作探究时间。仅仅课堂上安排几分钟时间让学生进行小组合作探究，那是达不到合作探究的真正目的的，流于形式而已。所以，我把学生的合作探究安排在课外，让他们有充分的准备时间。而且，每个小组只探究一个问题，这样便于学生将问题理解得深刻透彻。

第三，培养学生的批判性思维品质。《装在套子里的人》是统编新版必修下册第六单元的一篇课文，这个单元的教学目标之一正是提升学生对社会现实观察、分析、判断的能力，所以我们可以顺势把批判性思维的培养渗透到课堂教学中。

《雷雨（节选）》教学设计（第二课时）

教学目标

1.揣摩周朴园的内心世界，体悟周朴园的情感变化，分析周朴园的形象。

2.认识周朴园性格的多样性与复杂性。

教学重点

探究周朴园的性格、心理。

教学难点

认识人物性格的复杂性。

导入

1.课文可以分为哪两大部分？

第一部分：梅、周狭路相逢。（家庭内部冲突）

第二部分：鲁、周针锋相对。（社会阶级斗争）

2.从周朴园认出侍萍的经过可以看出，周朴园的心理变化过程是怎样的？

奇怪—疑惑—慌张—惊惧。

3.认出鲁大海之后，周朴园已经知道了鲁大海是他的亲生儿子，他对鲁大海是什么态度？从中你看出了什么？

周朴园面对自己的儿子，依然摆出资本家对待工人的冷酷面孔和傲慢的态度。

研讨

1.初识周朴园性格的复杂性、多样性

男同学快速阅读第一部分，梳理这场戏中周朴园对鲁侍萍的称谓的变化，并分析变化的原因。

女同学快速阅读第二部分，梳理这场戏中周朴园对鲁大海的称谓的变化，并分析变化的原因。

讨论明确：

周朴园对鲁侍萍的称谓的变化：梅家的一个年轻小姐→侍萍→亲戚→侍萍→你→侍萍。

变化的原因：

周朴园和下人鲁妈谈起三十年前的侍萍时，心中充满了怀念，也有不愿意在下人面前暴露侍萍真实身份的、遮遮掩掩的心情，所以称呼侍萍为"梅家的一个年轻小姐"。但当他发现鲁妈对侍萍的情况相当了解时，又担心她与侍萍有关，问她："你姓什么？"得知她姓鲁以后，周朴园长舒一口气，略带追忆的口吻连喊了两声"侍萍"。面对鲁侍萍的追问"老爷问这些闲事干什么"，他遮掩地说侍萍是他的"亲戚"。而在周朴园发现与自己谈话的人原来就是三十年前的侍萍时，心中无疑是惊讶的，他惊讶于侍萍外貌的变化，也惊讶于侍萍为什么会出现在周公馆，再一次叫了"侍萍"这一名字。可转念又觉得侍萍到周公馆或许是有目的的，于是生气，严厉地称呼她为"你"，并质问道："你来干什么？"接着在二人的争执中，周朴园一直都称呼侍萍为"你"，与"侍萍"的称呼相比，"你"更像是一种敌对的关系。只有在侍萍撕毁了他给的支票时，才喊她为"侍萍"，这一称呼，略带愧疚之意。

周朴园在文中对鲁大海的称谓的变化：你→傻小子→鲁大海→你。

变化的原因：

周朴园在知道鲁大海是自己的亲生儿了后，称呼他为"傻小子"，表现出的是骨肉之情，有对鲁大海的怜爱之意；随着鲁大海对他越来越不尊敬，他对鲁大海的称呼也变了。"你"这一称呼反映出他的愤怒达到了极致。可见，称呼的变化是周朴园情感变化的外化表现。

小结：戏剧中，周朴园的性格是复杂多样的。

2.细品周朴园性格的复杂性、多样性

（1）品一个词，解读周朴园的"怀念"。

开头至"我们想把她的坟墓修一修"，这部分对话中，哪个单音节词出现的频率最高（哦），一共有多少个（十个），在周朴园的语言中出现过多少次（六次）。

分角色演读，注意读出剧中角色的情感，体味人物语言中蕴含丰富的潜台词。

六次"哦"虽然同字，但用的标点符号不完全相同，表达的情感也不尽相同。比如在鲁侍萍叙述侍萍的跳河经历后，周朴园痛苦地说出："哦！"他被逼面对现实，因而内心痛苦，于他而言，侍萍被逼投河是他最不愿面对的往事。

"哦"的妙用在后续的情节中亦有体现，如在周朴园怀疑鲁侍萍的身份时，原文是这样写的：

周朴园　（忽然立起）你是谁？

鲁侍萍　我是这儿四凤的妈，老爷。

周朴园　哦。

这一个"哦"后面用的是句号，声调比较低沉，有种在得知鲁侍萍并不是自己熟悉之人后长舒一口气的庆幸之感，也表现了老爷对下人的回答已经知晓，只须用"哦"做出简单的回应即可的姿态。

小结：品读这些"哦"，我们可以看出周朴园内心的情感变化历程，主要是由漫不经心到做贼心虚的情态变化。

（2）析一类句子，探究周朴园的"惊慌"。

课文从"鲁侍萍 哦，——那用不着了"到"周朴园 好，你先下去。让我想一想"，这部分中周朴园的语言又有一个不可忽视的特点，就是一类语气相同的句子特别多。哪一类？（明确：疑问句）我们再来看看，这些问句长不长？一般有多少字？（一般不超过三个字）

周朴园问话比较鉴赏（将开头两个简短问句改长）：

鲁侍萍 哦，——那用不着了。

周朴园 怎么？（怎么就用不着了？）

鲁侍萍 这个人现在还活着。

周朴园 （惊愕）什么？（她真的还活着吗？）

明确：改了以后，似乎是在问旁人的事情，有点漠不关心了，突然、惊奇、紧张、激动的感觉就少了几分。

三个疑问句连用改简洁："什么？她就在这儿？此地？"（什么？）

体会三个疑问句连用所表现的惊恐和急迫心情。

小结：从周朴园的简短问话拓展开去，通过语言的比较赏析，终于读出了周朴园知道鲁侍萍还活着时的惶恐不安、惊慌失措，也读出了周朴园叶公好龙的真实心态。

（3）挑一句话，体验周朴园的"冷酷"。

当周朴园知道立在眼前的人就是离开自己三十年的侍萍时，周朴园又会怎样呢？请同学们快速阅读从"周朴园（忽然严厉地）你来干什么"到"周朴园 可是你——"，从中找出你认为最能体现周朴园性格、心理的一句话，运用我们刚才获得的揣摩人物语言的经验，去大胆地探索周朴园的心灵。前后左右的同学可以先相互交流，鼓励学生各抒己见，并注意在解读文句的基础上引导学生有感情地朗读。

（4）选一组矛盾，分析周朴园的"残忍"。

周朴园和鲁大海是什么关系？周朴园已经知道了鲁大海是他的亲生儿子，那么他对鲁大海是什么态度呢？从这一戏剧冲突中，你能看出周朴园怎样的性格特征？

在处理工人罢工事件时，他一方面进行血腥镇压，另一方面采取分化收买政策，并开除闹罢工闹得最凶的工人鲁大海。在和鲁大海的正面交锋中，他稳操胜券，不急不躁，对于鲁大海的责骂，他不轻易动怒，保持着冷静，说话简洁，打击性却很强——强硬且老谋深算。

鲁大海所揭露的周朴园的罪恶发家史——冷酷无情，丧失人性，是为获取最大经济利益而不择手段的反动资本家形象。

（5）看一处变化，感受周朴园的"幻灭"。

请比较人教版老教材与新版部编教材中的《雷雨》选文的一处改动，看看它们有哪些不同的地方，新教材为什么要这样改？

人教版老教材原文如下（点为自加）：

周朴园 （徐徐立起）哦，你，你，你是——

鲁侍萍 我是从前伺候过老爷的下人。

周朴园 哦，侍萍！（低声）是你？

鲁侍萍 你自然想不到，侍萍的相貌有一天也会老得连你都不认识了。

周朴园不觉地望望柜上的相片，又望侍萍。半晌。

周朴园 （忽然严厉地）你来干什么？

鲁侍萍 不是我要来的。

统编新版教材原文如下（点为自加）：

周朴园 （徐徐立起）哦，你，你，你是——

鲁侍萍 我是从前伺候过老爷的下人。

周朴园 哦，侍萍！（低声）怎么，是你？

鲁侍萍 你自然想不到，侍萍的相貌有一天也会老得连你都不认识了。

周朴园 你——侍萍？（不觉地望望柜上的相片，又望

侍萍）

鲁侍萍　朴园，你找侍萍吗？侍萍在这儿。

周朴园　（忽然严厉地）你来干什么？

鲁侍萍　不是我要来的。

两个版本最大的区别在加点句子，周朴园在得知眼前之人是侍萍以后，说出"你——侍萍？"他产生了一种见到年老侍萍的幻灭感，以及竟然在此处碰到侍萍的难以置信的感觉。（鲁侍萍说："朴园，你找侍萍吗？侍萍在这儿。"与老教材相比，新版教材更能展示侍萍对周朴园的旧情并未随着时间的推移而全部忘却，把侍萍刻画得更富柔情而复杂。）

思辨

有人认为，周朴园是一个自私残忍、冷酷无情的资本家；有人认为，周朴园是一个值得同情的老者。你觉得呢？

观点一：周朴园是一个由封建地主转化而成的资本家。他残忍、冷酷、自私、贪婪、虚伪、狡猾，是一个人格卑下的伪君子，一个没有任何仁义道德的反动资本家，甚至坏到了连自己都不认为自己是坏人的程度。他接触了西方资本主义文明，在社会上成就卓著，能够主宰他人的命运；他具有强烈的封建意识，他的发家手段是野蛮的盘剥，他自己也最终走向了毁灭的深渊。

观点二：周朴园是一个值得同情的老者。三十年前，二十几岁的周朴园，对年轻貌美、温柔善良的侍萍产生恋情，是自然真实的感情。一个人对初恋总是难以忘怀的，何况侍萍为他生过两个孩子，最后，侍萍却因为被抛弃而投河自尽。周朴园婚后生活不美满，更加深了他对侍萍的怀念。和周朴园结婚的第一个门当户对的阔小姐，身体不好，加上周朴园不爱她，婚后不久就死了。繁漪个性傲慢，根本不是周朴园喜欢的那种女人，在这种情形下，周朴园自然更加怀念他的初恋情人。亲生的儿子仇恨他，同床的妻子背叛他，初恋的情人不理解他，他如何不令人同情呢？

总结

无论小说还是戏剧，人物性格往往是复杂多样的，而且会随着情节发展而变化。周朴园就是一个复杂矛盾的人物形象。他既是《雷雨》悲剧的制造者，是封建主义制度的维护者，也是周鲁两家悲剧的受害者，是他所维护的制度的牺牲品，他是丈夫、父亲的实体，是一个既毁灭于秩序又异化为秩序来毁人的人。

作业

运用我们今天分析周朴园性格特点的方法，分析鲁侍萍和鲁大海的性格特点（男同学分析鲁大海，女同学分析鲁侍萍），明天在课堂上进行展示。

设计阐释

教学可以采取多种多样的方式，但内容为王的原则一定要坚持。一节课哪怕课堂再热闹、教师再激动、学生再兴奋，如果缺乏内容的支撑，那意义又何在呢？所以，小说也好，戏剧也好，分析人物形象，不能仅仅停留在贴标签的层面，应注意深入人物的内心。如这节课为分析周朴园的形象而设计的几个教学环节，就特意注重了从"细"的方面来深入周朴园内心。

课堂具有灵动性的表现之一是能培养学生的思辨能力。对周朴园形象的解读，历来见仁见智。读一遍，可能觉得他是封建家长制的代表，自私残忍、冷酷无情，但随着情节深入发展，学生也能从他身上感受到某些温情；再把自己放在周朴园的位置，设身处地为周朴园想想，周朴园的形象更加令人觉得可以触摸。课堂应允许争辩，也理应有思维碰撞的火花闪现。

《与妻书》教学设计

教学目标

1.揣摩字里行间蕴含的真挚感情。

2.学习林觉民为天下谋永福的光辉思想和高尚情操。

教学重点

揣摩文中表现出的"小爱"和"大爱"。

教学难点

分析文中蕴含的"情"和"理"。

导入

播放童安格歌曲《诀别》（演唱视频）：

夜冷清　独饮千言万语／难舍弃 思国心情／灯欲尽 独锁千愁万绪／言难启 诀别吾妻／烽火泪 滴尽相思意 情缘魂梦

相系／方寸心 只愿天下情侣 不再有泪如你／烽火泪 滴尽相
思意 情缘魂梦相系／方寸心 只愿天下情侣 不再有泪如你

（意映卿卿如晤／吾今以此书与汝永别矣／吾作此书泪
珠和笔墨齐下／不能竟书而欲搁笔）

夜冷清 独饮千言万语／言难启 诀别吾妻／烽火泪 滴尽
相思意 情缘魂梦相系／方寸心 只愿天下情侣 不再有泪如
你／烽火泪 滴尽相思意 情缘魂梦相系／方寸心 只愿天下情
侣 不再有泪如你

欲知歌曲的创作背景，得从林觉民的《与妻书》说起。

学习活动一：感知那份情

1.播放课文朗读音频，画出最令你动情的句子与大家分
享，并说说这些句子为什么能深深打动你。

2.学生分享"最动情"的句子。

示例：

表现对妻子的挚爱之情的句子：

意映卿卿如晤，吾今以此书与汝永别矣！吾作此书时，
尚是世中一人；汝看此书时，吾已成为阴间一鬼。

吾作此书，泪珠和笔墨齐下，不能竟书而欲搁笔，又恐
汝不察吾衷，谓吾忍舍汝而死，谓吾不知汝之不欲吾死也，

故遂忍悲为汝言之。

吾尝语曰:"与使吾先死也,无宁汝先吾而死。"……吾之意盖谓以汝之弱,必不能禁失吾之悲,吾先死,留苦与汝,吾心不忍,故宁请汝先死,吾担悲也。

吾真真不能忘汝也!……及今思之,空余泪痕。

吾今与汝无言矣。吾居九泉之下遥闻汝哭声,当哭相和也。吾平日不信有鬼,今则又望其真有。今人又言心电感应有道,吾亦望其言是实,则吾之死,吾灵尚依依旁汝也,汝不必以无侣悲。

表现为天下人谋幸福的大爱的句子:

吾至爱汝,即此爱汝一念,使吾勇于就死也。吾自遇汝以来,常愿天下有情人都成眷属;然遍地腥云,满街狼犬,称心快意,几家能彀?司马春衫,吾不能学太上之忘情也。语云:仁者"老吾老以及人之老,幼吾幼以及人之幼"。吾充吾爱汝之心,助天下人爱其所爱,所以敢先汝而死,不顾汝也。

3.小结:贯穿全文的一个"情"字,包含对妻子的爱恋和怀念之情,死别的悲哀和伤痛之情,对黑暗现实的愤懑之情,献身革命的豪迈之情(儿女情长,英雄志坚)。

特别注意信中出现的表情感的词句:

"爱汝":"吾至爱汝""即此爱汝一念""吾充吾爱

汝之心""吾爱汝至";

"悲":"忍悲为汝言之""汝其勿悲""吾担悲也""余心之悲""汝不必以无侣悲""一恸";

"家""国""天下":反复将"家""国""天下"对举,是把家庭幸福和国家前途、人民命运联系在一起,把对妻子亲人的爱和国家人民的爱连为一体,诠释了一种深沉而朴素的情怀——家国情怀。

学习活动二:认识那个因

1.作者是很爱他妻子的,既然爱他的妻子,那他为什么还要选择去死而不是选择和他妻子厮守终生呢?是什么原因使得他做出了这样的决定呢?请从文中找出表明写作背景的句子。

2.学生讨论分享。

然遍地腥云,满街狼犬,称心快意,几家能彀?

吾诚愿与汝相守以死,第以今日事势观之,天灾可以死,盗贼可以死,瓜分之日可以死,奸官污吏虐民可以死,吾辈处今日之中国,国中无地无时不可以死。到那时使吾眼睁睁看汝死,或使汝眼睁睁看吾死,吾能之乎?抑汝能之乎?

3.补充时代背景。

1911年4月初，黄兴、赵声等在孙中山领导下，酝酿广州起义。同盟会日本总部派遣林觉民回国，让其回福建策划起义响应。于是林觉民立即离开日本赶赴香港，黄兴见到了林觉民，当即命林觉民回闽，联络革命党人，筹集经费，招募志士赴广州参加起义，并且要运送炸药赴粤。他原本打算让他的妻子意映打扮为孀妇，用出殡的仪式将炸药藏入棺木中运出，可是他妻子已经怀有身孕八个月，经不起长途跋涉，只得改由方声洞的妹妹等人担任运送武器的任务。4月27日，黄兴率100多人攻入总督衙门，张鸣岐已经逃走，黄兴等人就和反扑的部队激战，因众寡悬殊，大多数革命志士牺牲，林觉民就是在这次起义中不幸中弹受伤，力尽被捕的。在审讯中，他从容不迫，纵论世界大势，宣扬革除暴政、建立共和的革命主张。据说当时有人以保存国家元气为由劝两广总督张鸣岐对林觉民刀下留情，张鸣岐认为，将林觉民这样面貌如玉，心肠如铁，心地光明如雪的奇男子留给革命党，实属"为虎添翼"，故痛下杀手。临刑时林觉民谈笑自若，引颈就义。

这封信是林觉民烈士在起义前三天的夜甲写的，原书共两封，一封是给他父亲的，另一封就是给他妻子陈意映的《与妻书》。

学习活动三：明白那种理

有人认为，林觉民明知"此举必败"，却义无反顾地投身革命事业，是在为天下人谋福；也有人认为，林觉民置父亲的期望于不顾，抛下妻儿，不能让家人感到幸福，何谈造福天下。对此，你有什么看法？

观点一：林觉民为天下人谋福，无私无畏，令人敬仰。

在林觉民的身上，体现着中华民族不屈不挠的斗争精神。他心怀天下，敢为人先，正是"先天下之忧而忧"的民族精神的崇高表现。他正是为了包括父亲、妻儿在内的全天下人的幸福而牺牲的，体现了中华民族"舍小家为大家"的传统气节。也正是包括林觉民在内的无数革命先烈的英勇献身精神，才推动了历史的进步与发展，才有了后来的新中国。

观点二：林觉民的斗争方式值得商榷。

林觉民才华横溢，心怀大志，年纪轻轻就献出了宝贵的生命，令人惋惜。如果能适当改变斗争方式，便能更好地发挥作用。父亲对他寄予厚望，妻子对他一往情深，他执着于事业没错，但从某种角度来看，他让亲人承受了巨大的伤痛。面对强大的反动势力，个体的力量毕竟有限，个体在斗争时应注意保护自己，以便继续斗争。

学习活动四：触摸那颗心

1.我读：选择你认为最感人的段落（第2~3段）演读。

2.我写：为了更好地理解这种感情，请同学们发挥自己的聪明才智，设想林觉民写信时与妻子读信时彼此跨时空的心灵交流情景，把二人的异地心灵对话写出来，并有感情地演读出来（时间不够的话课外完成）。同时播放示范演读视频，为学生提供写作参考。

作业

梳理本文常用文言字词并积累起来。

设计阐释

这个单元聚焦"抱负与使命"这一人文主题，围绕这一人文主题，本课教学时重点突出文中的"情"和"理"，引导学生认识革命志士顺应历史潮流、勇于担当历史使命的精神。

情感分析不能仅仅停留在教师的"煽情"上，更重要的是要让学生"融情"。上课开始播放《诀别》一歌，就是为学生"融情"做准备的，分享最动情的句子的目的是让学生理解文中的真挚情感，选择最感人的段落演读是"融情"的具体表现，把二人的异地心灵对话写出来并有感情地演读出来则是检测学生的"融情"效果。

事理分析不能仅仅停留在教师的"说理"上，更重要的是学生能"悟理"。文章表达了一个什么"理"？为什么要表达这个"理"？对这个"理"怎么看待？三个步骤层层深入，目的是让学生能逐步"悟理"。

选择最感人的段落演读是课堂教学最精彩的环节之一，也是灵动课堂的具体表现，既能考查学生对课文内容的理解，又能充分展示学生的才华，这个环节要真正落实好，即使课堂上没时间进行，课后也要认真完成。

《齐桓晋文之事》教学设计（第二课时）

教学目标

1.掌握文中出现的重点文言词语和特殊句式，理解文意。

2.通过小组合作探究和演读的方式完成课文第一、第二部分的学习，掌握文言学习方法。

教学重点难点

课文解读。

导入

1.孟子和齐宣王谈话的主要内容是什么？（孟子说服对方实行仁政，实现王道）

2.孟子的中心观点是什么？（保民而王）

开展学习活动

1.回顾昨天布置的分组合作探究任务。

全班分为九个小组。第一、二、三组探究第一部分；第四、五、六组探究第二部分；第七、八、九组探究第三部分。

要求：用你们组认为最好的方式演读，然后给大家讲解这一部分的重点字、词、句，最后翻译；抽签决定上台展示的小组，其他组在此基础上可以再次展示演读或者进行补充。

2.第一小组至第三小组展示。

（1）演读设计参考：一人演读齐宣王，一人演读孟子，其他人演读括号里的文字。

"齐桓、晋文之事可得闻乎？"

（疑惑地齐问：可得闻乎？）

"仲尼之徒无道桓文之事者，是以后世无传焉，臣未之闻也。无以，则王乎？"

（征求意见性地齐说：则王乎？）

"德何如则可以王矣？"

"保民而王，莫之能御也。"

（声音逐渐加大，齐读三遍：莫之能御也！莫之能御

也！莫之能御也！）

"若寡人者，可以保民乎哉？"

（疑惑地齐问：可以保民乎哉？）

"可。"

（齐声旁白：当然可。）

"何由知吾可也？"

（疑惑地齐问：何由知吾可也？）

"臣闻之胡龁曰：王坐于堂上，有牵牛而过堂下者，王见之，曰：'牛何之？'对曰：'将以衅钟。'王曰：'舍之！吾不忍其觳觫，若无罪而就死地。'对曰：'然则废衅钟与？'曰：'何可废也？以羊易之。'不识有诸？"

（人人故意问一句：不识有诸？）

"有之。"

（自豪地齐说：有之，有之，有之。）

"是心足以王矣。百姓皆以王为爱也，臣固知王之不忍也。"

"然，诚有百姓者。齐国虽褊小，吾何爱一牛？（生气性地齐说：吾何爱一牛？）即不忍其觳觫，若无罪而就死地，故以羊易之也。"

"王无异于百姓之以王为爱也。以小易大，彼恶知之？（人人故意问一句：彼恶知之？）王若隐其无罪而就死地，则牛羊何择焉？"（人人故意问一句：何择焉？）

"是诚何心哉？我非爱其财而易之以羊也，宜乎百姓之谓我爱也。"

"无伤也，是乃仁术也，（齐声：仁术也。）见牛未见羊也。君子之于禽兽也，见其生，不忍见其死；闻其声，不忍食其肉。是以君子远庖厨也。"

（众人点头应和）

（2）重点字词（示例）。

牛何之（之：往。）

百姓皆以王为爱也（爱：吝惜，舍不得。）

则牛羊何择焉（择：区别。）

（3）重要句式（示例）。

臣未之闻也（宾语前置句）

何由知吾可也（宾语前置句）

牛何之（宾语前置句）

宜乎百姓之谓我爱也（主谓倒装句）

无伤也，是乃仁术也（判断句）

（4）重点句子翻译（示例）。

无以，则王乎？

吾不忍其觳觫，若无罪而就死地。

王无异于百姓之以王为爱也。

君子之于禽兽也，见其生，不忍见其死；闻其声，不忍食其肉。

3.第四小组至第六小组展示。

（1）演读设计参考：一人演读齐宣王，一人演读孟子，其他人演读括号里的文字。

"《诗》云：'他人有心，予忖度之。'夫子之谓也。夫我乃行之，反而求之，不得吾心。夫子言之，于我心有戚戚焉。此心之所以合于王者，何也？"（疑惑地齐问：何也？）

"有复于王者曰：'吾力足以举百钧，而不足以举一羽；明足以察秋毫之末，而不见舆薪。'则王许之乎？"（疑惑地齐问：许之乎？）

"否。"（齐声旁白：当然否。）

"今恩足以及禽兽……不为也，非不能也。"（齐声感叹：非不能也。）

"不为者与不能者之形何以异？"（疑惑地齐问：何以异？）

"挟太山以超北海……老吾老，以及人之老；幼吾幼，以及人之幼：（齐声重复：老吾老，以及人之老；幼吾幼，以及人之幼。）天下可运于掌。《诗》云：'刑于寡妻，至于兄弟，以御于家邦。'……权，然后知轻重；度，然后知长短。（齐声重复：权，然后知轻重；度，然后知长短。）物皆然，心为甚。王请度之！"

（每人一遍：王请度之！）

（2）重点字词（示例）。

明足以察秋毫之末（明：视力。）

刑于寡妻（刑：同"型"，典范、榜样。）

不推恩无以保妻子（妻子：妻子儿女。）

（3）重要句式（示例）。

然则一羽之不举，为不用力焉（宾语前置句）

天下可运于掌（状语后置句）

（4）重点句子翻译（示例）。

夫我乃行之，反而求之，不得吾心。夫子言之，于我心有戚戚焉。

老吾老，以及人之老；幼吾幼，以及人之幼：天下可运于掌。

言举斯心加诸彼而已。

权，然后知轻重；度，然后知长短。

4.第七小组至第九小组展示（时间不够的话则放在下节课展示）。

（1）演读设计参考：一人演读齐宣王，一人演读孟子，其他人演读括号里的文字。

"抑王兴甲兵，危士臣，构怨于诸侯，然后快于心与？"（齐声问：然后快于心与？）

"否，（齐轻声：当然否。）吾何快于是？将以求吾所大欲也。"

"王之所大欲，可得闻与？"

"为肥甘不足于口与？轻暖不足于体与？抑为采色不足视于目与？声音不足听于耳与？便嬖不足使令于前与？王之诸臣皆足以供之，而王岂为是哉？"（齐声问：而王岂为是哉？）

"否，（齐轻声：当然否。）吾不为是也。"

"然则王之所大欲可知已：欲辟土地，朝秦楚，莅中国而抚四夷也。以若所为，求若所欲，犹缘木而求鱼也。"

"若是其甚与？"（齐声疑问：若是其甚与？）

"殆有甚焉。缘木求鱼，虽不得鱼，无后灾；以若所为，求若所欲，尽心力而为之，后必有灾。"

"可得闻与？"（齐声疑问：可得闻与？）

"邹人与楚人战，则王以为孰胜？"

"楚人胜。"

"然则小固不可以敌大，寡固不可以敌众，弱固不可以敌强。海内之地，方千里者九，齐集有其一。以一服八，何以异于邹敌楚哉？盖亦反其本矣？今王发政施仁，使天下仕者皆欲立于王之朝，耕者皆欲耕于王之野，商贾皆欲藏于王之市，行旅皆欲出于王之涂，天下之欲疾其君者皆欲赴诉于王。其若是，孰能御之？"（齐声连续问三次，逐渐加强：孰能御之？孰能御之？孰能御之？）

"吾惛，不能进于是矣。愿夫子辅吾志，明以教我。我虽不敏，请尝试之。"

（齐声旁白：请尝试之。）

"无恒产而有恒心者，惟士为能。若民，则无恒产，因无恒心。苟无恒心，放辟邪侈，无不为已。及陷于罪，然后从而刑之，是罔民也。焉有仁人在位，罔民而可为也？（齐声旁白：焉有仁人在位，罔民而可为也？）是故明君制民之产，必使仰足以事父母，俯足以畜妻子，乐岁终身饱，凶年免于死亡；然后驱而之善，故民之从之也轻。今也制民之产，仰不足以事父母，俯不足以畜妻子，乐岁终身苦，凶年不免于死亡。此惟救死而恐不赡，奚暇治礼义哉？（齐声旁白：奚暇治礼义哉？）王欲行之，则盍反其本矣：五亩之宅，树之以桑，五十者可以衣帛矣；鸡、豚、狗、彘之畜，无失其时，七十者可以食肉矣；百亩之田，勿夺其时，八口之家可以无饥矣；谨庠序之教，申之以孝悌之义，颁白者不负戴于道路矣。老者衣帛食肉，黎民不饥不寒，然而不王者，未之有也。"

（齐声旁白：未之有也。）

（2）重点字词（示例）。

犹缘木而求鱼也（缘：攀爬。）

盖亦反其本矣（盖：同"盍"，何不。）

是罔民也（罔：同"网"，张网捕捉，比喻陷害。）

申之以孝悌之义（孝悌：善侍父母为"孝"，敬爱兄长为"悌"。）

（3）重要句式（示例）。

构怨于诸侯（状语后置句）

树之以桑（状语后置句）

颁白者不负戴于道路矣（状语后置句）

然而不王者，未之有也（宾语前置句）

（4）重点句子翻译（示例）。

抑王兴甲兵，危士臣，构怨于诸侯，然后快于心与？

欲辟土地，朝秦楚，莅中国而抚四夷也。

苟无恒心，放辟邪侈，无不为已。

此惟救死而恐不赡，奚暇治礼义哉？

谨庠序之教，申之以孝悌之义，颁白者不负戴于道路矣。

作业

填写下面两个表格，为下节课的分析探究做好准备。

表1：孟子和齐宣王论辩的三个回合以及表现。

	齐宣王	孟子	结果
第一回合			
第二回合			
第三回合			

表2：孟子的论证技巧。

论证结构	主要内容	论证方法	例句
第1~14自然段			
第15~20自然段			
第21~33自然段			
第34~35自然段			
特点小结			

设计阐释

文言文的学习历来枯燥无味，采取怎样的教学方式才能激发学生学习的主动性和积极性，让课堂灵动起来，是我们每个语文老师都要思考的问题。

本节课的设想：用任务驱动法激发学生的学习热情。

其一，给学生具体的任务，促使他们带着任务积极地合作探究，并给他们足够的探究时间，以保证他们能够完成任务。学生通过自己的探究解决了问题，不仅获得了知识，同时也提升了他们的能力，使他们形成学科思维，具备学科精神。

其二，让学生上台展示，充分体现学生的课堂主体地位。每组展示其中的一部分内容，几个小组共同完成对文章的解读，这比逐字逐句串讲的"老办法"应该要好得多，比老师个人在台上唱独角戏的效果应该也要好得多。

其三，学生在展示的过程中尽情发挥自己的才华，更能体现他们的聪明才智，更能体现课堂的灵动性。

《中国建筑的特征》教学设计

教学目标

1.通过提炼文中的关键词和绘制思维导图把握文章的主要内容。

2.理解文中的重要概念和作者的主要观点。

3.理解作者在对中国建筑特征的解说中寄寓的情感。

教学重点

初步掌握利用提炼关键词和绘制思维导图的方式阅读社科类论文的基本方法。

教学难点

理解中国建筑的"词汇""文章"和"文法"的含义，明确文化传承的重要性。

导入

1.美丽的神话：猜猜他俩是谁。

他们一个是梁启超的公子，一个是林长民的千金；一位是建筑巨匠，一位是绝艳才女。他不计国仇家恨，力使奈良、京都的古建筑免遭盟军的轰炸，他代表中国参加了联合国大厦的设计；她不仅具有诗人的感性与想象力，也具有科学家的细致和务实精神，使众多埋没在荒野的国宝级古代建筑走向世界；他们一世情缘，共同创造了中国建筑史上的两座丰碑，把亲手设计的国徽送上了天安门城楼。

他就是梁思成，她就是林徽因。

2.人们对梁思成的评价：错批一人，少了名城 。

学习活动一：看谁抓得准——提炼关键词

1.自读课文第1~13自然段，摘录文中的关键词，并给关键词分类，概括文章的主要内容。

2.抽取三名同学展示。

示例：

表现总体特征的关键词：台基、屋顶、回廊、抱厦、厢、耳、过厅、庭院、天井、户外起居室……

表现结构特征的关键词：木材结构、架梁、柱间、框架结构、斗拱、举折、举架……

表现装饰特征的关键词：瓦面、四面坡、穿隆、构件、彩色绘画、构件交接、梁头、额枋、昂、三福云屋脊、脊吻、瓦当、建筑材料……

主要内容概括：中国建筑的特征可以概括为九点，这九点又可以概括为总体特征、结构特征、装饰特征三大方面。

学习活动二：看谁画得好——绘制思维导图

1.每每看到自然科学类和社会科学类小论文，同学们就会抱怨不喜欢，看不懂，读不进去。有什么好的方法可以迅速捕捉到文章的中心，厘清作者的思路呢？有，比如绘制思维导图。

思维导图又叫心智导图，是表达发散性思维的有效图形思维工具。它简单却又很有效，是一种"革命性"的思维工具。思维导图图文并重，把各级主题的关系用相互隶属与相关的层级图表现出来，把主题关键词与图像、颜色等建立记忆连接，具有强大的功能。

下面是第1、2自然段的思维导图，请把这个过程写成一段话，要求：内容完整，表述准确，语意连贯，不超过75

个字。

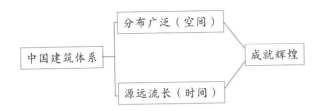

表述示例：中国建筑体系是世界各民族千年文化史中一个独特的建筑体系。这个体系空间上分布广泛、时间上源远流长。这个体系取得了辉煌的成就。

2.继续阅读文章，然后绘制全文的思维导图。

全文思维导图示例：

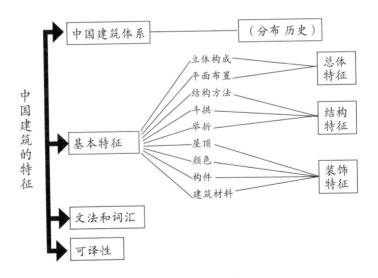

学习活动三：看谁解得对——根据语境解释词语

1.很多词语在特定语境下有特定的含义，比如文中提到的"词汇""文法""文章""大文章""小品"等，它们的含义分别是什么？

语言和文学	建筑学
词汇	建筑的单个构件和因素
文法	中国建筑的风格和手法
文章	建筑或建筑群
大文章	宫殿和庙宇等
小品	山亭或水榭等

2.请解释建筑的"可译性"。

语言和文学的可译性是指可以互相翻译，相同的意思可以用不同的语言表达出来。

建筑学的可译性是指各民族建筑的主要功能或主要性能是一致的，但表现出来的形式不同。

学习活动四：看谁悟得透——把握作者的情感

结合具体语段，说一说你从本文中读出了作者什么样的思想情感。

中国的建筑体系是在世界各民族数千年文化史中一个独特的建筑体系。

3500年来，中国世世代代的劳动人民发展了这个体系的特长，不断地在技术上和艺术上把它提高，使之达到了高度水平，取得了辉煌成就。

这种"词汇"和"文法"到底是什么呢？归根说来，它们是从世世代代的劳动人民在长期建筑活动的实践中所累积的经验中提炼出来的，经过千百年的考验，而普遍地受到承认而遵守的规则和惯例。它们是智慧的结晶，是劳动和创造成果的总结。它们不是一人一时的创作，而是整个民族和地方的物质和精神条件下的产物。

我们若想用我们自己建筑上的优良传统来建造适合于今天我们新中国的建筑，我们就必须首先熟悉自己建筑上的"文法"和"词汇"，否则我们是不可能写出一篇中国"文章"的。

思想感情示例：

为中国建筑的悠久、独特感到无比自豪。

呼吁人们深入学习我国优良传统建筑文化。

渴盼新中国建筑能继承传统，古为今用，有所创新。

总结

1.用一段话总结你学习本文的收获。

2.学完本文，对作者有感：是他在兵匪满地、行路艰难的旧中国，跋涉在深山老林里，寻觅着中华文明的瑰宝，完成了中国人的第一部建筑史；是他发出居者有其屋、城市规划的最高目标是安居乐业的呼喊，为中国城市的理性发展尽心竭力；是他搏尽全力为中国古代建筑请命，虽是屡战屡败，却"痴情"不改。

作业

自主搜寻相关文章，思考梁思成对日本古建筑的保护付出了哪些方面的努力？你如何看待他的这一做法？

设计阐释

说明文由于其文体特点，学生一般不喜欢读，教师在教学时也往往单纯地从说明的主要问题、说明方法、语言特点等方面入手，因而课堂往往单调枯燥。怎样让学生真正地"读进去"？课堂上可以采用哪些方法？这节课试图在这些问题上进行探索。

提炼文章的关键词，能很好地考查学生捕捉和筛选信息的能力，抓准了文章的关键词，文章要说明的问题也就基本清楚了，文章的基本框架和作者的思路也就一目了然了。

绘制思维导图，有利于进一步从整体上把握文章的脉络；学生在绘制思维导图的过程中，将大篇幅内容进行拆分，找到从属关系，缩减文字数量，便于理解文本内容，从而解决教学重点问题。

解释部分关键词的含义，有利于学生深入探讨文本，着重理解作者在文中要说明的某些重点问题；有利于学生从整体上把握文章；有利于他们从局部理解文章，从而达成攻克教学难点的目标。

渗透情感分析，把握作者在文中表现的情感、观点、态度，力求让说明文的教学由枯燥无味变得生动有趣，力求让课堂显出生气，使课堂灵动起来。

《实践是检验真理的唯一标准》教学设计

教学目标

1.把握文章基本内容，厘清文章的论证思路，理解理论与实践的关系。

2.学习文章立论和驳论相结合展开论述的论证技巧。

3.分析文章中阐述的理论的现实意义。

教学重点

通过划分层次、找关键句等方法，概括作者的观点态度，厘清行文思路。

教学难点

领会文章中阐述的理论的现实意义。

导入

有一篇文章比较长，有6000多字，我读了两遍后仍感到茫然，请同学们说说，有什么样的好方法可以使我快速读懂文章，即怎样长文短学。

发言示例：

了解文章的写作背景，确定文章的写作意图和阐述的问题。

画出文章中表达作者观点的关键句子。

利用思维导图厘清文章的思路。

学习活动一：圈点批注，明确理论的针对性

1.结合历史知识、课文注释和文后的"学习提示"，说说文章的写作背景和写作意图，然后运用圈点批注的方法阅读文本，批出文章四个部分中表明作者观点和思路的主要句子，厘清这一部分的行文思路，概括大意。

2.文章的写作背景和写作意图。

写作背景：1976年10月，中共中央一举粉碎"四人帮"，结束了延续十年之久的"文化大革命"，举国欢腾，人心思变，百业待举，全党面临着思想、政治、组织等各个领

域全面拨乱反正的任务。但是，这一进程受到"两个凡是"（凡是毛主席作出的决策，我们都坚决维护，凡是毛主席的指示，我们都始终不渝地遵循）错误方针的严重阻碍。针对这种状况，邓小平同志多次旗帜鲜明地指出，"两个凡是"不符合马克思主义，我们要完整准确地理解毛泽东思想。在这一背景下，1978年5月11日，《光明日报》发表本报特约评论员文章《实践是检验真理的唯一标准》，由此引发了一场关于真理标准问题的大讨论。

写作意图：重新确立党的实事求是的思想路线，正确认识与把握理论和实践的关系，把实践作为检验真理的标准。

3.文章四个部分的圈点批注示例。

（1）第一部分

小标题：检验真理的标准只能是社会实践

表明作者观点和思路的主要句子：

一个理论，是否正确反映了客观实际，是不是真理，只能靠社会实践来检验。

实践不仅是检验真理的标准，而且是唯一的标准。

科学史上的无数事实，充分地说明了这个问题。

马克思主义之所以被承认为真理，正是千百万群众长期实践证实的结果。

检验路线之正确与否，情形也是这样。

毛泽东思想是马克思列宁主义普遍真理与革命具体实践相结合的产物。

这一部分的行文思路：提出论点"检验真理的标准只能是社会实践"→以马克思主义认识论的基本原理来证明→以科学史上的无数事实来论证→以社会实践对马列主义思想路线的检验来论证→以社会实践对毛主席的思想路线的检验来论证。

这一部分的大意：提出"检验真理的标准只能是社会实践"的中心论点。

（2）第二部分

小标题：理论与实践的统一，是马克思主义的一个最基本的原则

表明作者观点和思路的主要句子：

有的同志担心，坚持实践是检验真理的唯一标准，会削弱理论的意义。这种担心是多余的。

"四人帮"出于篡党夺权的反革命需要，鼓吹种种唯心论的先验论，反对实践是检验真理的标准。

马列主义、毛泽东思想之所以有力量，正是由于它是经过实践检验了的客观真理，正是由于它高度概括了实践经验，使之上升为理论，并用来指导实践。

有的同志说，我们批判修正主义，难道不是用马列主

义、毛泽东思想去衡量，从而证明修正主义是错误的吗？

这些新的理论概括是否正确由什么来检验呢？只能用实践来检验。

理论与实践的统一，是马克思主义的一个最基本的原则。

行文思路：提出这一部分的分论点"理论与实践的统一，是马克思主义的一个最基本的原则"→从批驳"坚持实践是检验真理的唯一标准，会削弱理论的意义"的错误观点来论证→从批驳"四人帮"炮制的种种歪理邪说来论证→从正面阐述马列主义、毛泽东思想的力量来源是实践来论证→从批驳有的同志的担心来论证→从新理论是否正确只能用实践来证明来论证→小结这一部分。

这一部分的大意：从"理论与实践的统一，是马克思主义的一个最基本的原则"的角度论证第一部分提出的中心论点。

（3）第三部分

小标题：革命导师是坚持用实践检验真理的榜样

表明作者观点和思路的主要句子：

马克思和恩格斯对待他们所共同创造的著名的马克思主义科学文献《共产党宣言》的态度，就是许多事例当中的一个生动的例子。

毛主席一贯严格要求不断用革命实践来检验自己提出的理论和路线。

革命导师这种尊重实践的严肃的科学态度，给我们极大的教育。

正是革命导师的这种坚持实践是检验真理的唯一标准的辩证唯物主义立场，才保证了马克思主义的不断发展，而永葆其青春。

行文思路：提出这一部分的分论点"革命导师是坚持用实践检验真理的榜样"→列举马克思和恩格斯对待《共产党宣言》的态度来论证→列举毛主席的一贯态度来论证→正面分析革命导师的正确做法带给我们的启示来论证→小结这一部分。

这一部分的大意：从"革命导师是坚持用实践检验真理的榜样"的角度论证第一部分提出的中心论点。

（4）第四部分

小标题：任何理论都要不断接受实践的检验

表明作者观点和思路的主要句子：

实践是不断发展的，因此作为检验真理的标准，它既具有绝对的意义，又具有相对的意义。

凡经实践证明是错误的或者不符合实际的东西，就应当改变，不应再坚持。

“四人帮”及其资产阶级帮派体系已被摧毁，但是，“四人帮”加在人们身上的精神枷锁，还远没有完全粉碎。

我们要有共产党人的责任心和胆略，勇于研究生动的实际生活，研究现实的确切事实，研究新的实践中提出的新问题。只有这样，才是对待马克思主义的正确态度，才能够逐步地由必然王国向自由王国前进，顺利地进行新的伟大的长征。

行文思路：提出这一部分的分论点“任何理论都要不断接受实践的检验”→分析“实践是检验真理的唯一标准”的绝对性和相对性来论证→点明“四人帮”加在人们身上的精神枷锁，还远没有完全粉碎来论证→阐述正确对待马列主义、毛泽东思想的现实意义。

这一部分的大意：不断用实践来检验理论，这才是坚持马列主义、毛泽东思想的正确态度。

学习活动二：绘制思维导图，感受论证的条理性

1.从议论文的结构出发，考虑文章四个部分之间是什么关系。

引言：抛出话题，交代写作背景。

引论：第一部分，提出问题，提出中心论点，即检验真

理的标准只能是社会实践。

本论：第二、三部分，分析问题，从两个大的角度论证中心论点，即理论与实践的统一，是马克思主义的一个最基本的原则；革命导师是坚持用实践检验真理的榜样。

结论：第四部分，解决问题，强调不断用实践来检验理论，这才是坚持马列主义、毛泽东思想的正确态度。

2.绘制全文结构的思维导图。

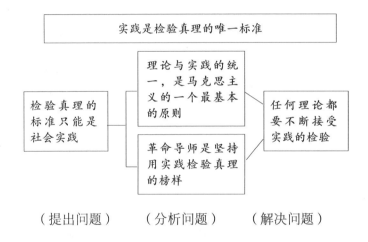

（提出问题）　　（分析问题）　　（解决问题）

学习活动三：填写表格，凸显论证的有力性

1.文章在论证上的最大特点是什么？

将立论和驳论结合起来了。

2.请从"驳"和"立"的角度对第二部分内容加以分

析，填好下面的表格：

驳			立
敌论	驳敌论	批驳角度	己论

参考示例：

驳			立
敌论	驳敌论	批驳角度	己论
坚持实践是检验真理的唯一标准，会削弱理论的意义。	这种担心是多余的。凡是科学的理论，都不会害怕实践的检验。	驳论点	只有坚持实践是检验真理的唯一标准，才能够使伪科学、伪理论现出原形，从而捍卫真正的科学与理论。

学习活动四：思考探究，理解理论的现实性

阅读《以实践为"底"闪耀真理光芒》，运用本文的观点，谈谈实践是检验真理的唯一标准这一观点在当代社会的重要意义。

分析示例：实践是检验真理的唯一标准被确定后，人们

对于客观事物的认识不断发展，各种理论随着时代的变迁与条件的变化而不断前进、不断创新，这一观点具有了更强大的生命力。

在新的历史时期，时间没有止境，创新也没有止境。习近平总书记强调：时代是思想之母，实践是理论之源。随着时代的发展，新的实践呼唤新的思想、新的理论来指导。同时它也为新的思想、新的理论的形成提供了现实的基础。马克思主义理论必然随着时代和实践的发展而不断发展，在理论创新和实践创新的良性互动中永葆青春活力！

设计阐释

灵动课堂的前提是"有效"。议论文比较枯燥，特别是比较长的议论文，学生学起来吃力，老师教起来费劲。如何实现长文短教，变枯燥课堂为有效课堂乃至高效课堂、灵动课堂，本课在进行教学设计时，主要从三个方面着力。

圈点批注明思路。学生在任务驱动下去圈点批注原文，某种程度上，比传统的默读、跳读、快速阅读等学习方法更为有效。一边读，一边圈点批注，既可以厘清作者的写作思路，又可以加深对文章观点的理解，同时还能锻炼学生的动手、动脑能力。

思维导图明结构。思维导图具有引导思考、发散思维、厘清思路的作用，可以帮助我们快速把握事物之间的关系。通过绘制思维导图，学生能对文章的结构有一个清晰的认识。

借助表格明特点。对学习能力较弱的学生而言，填写表格可能有一定的难度，但只要认真思考、认真填写，其学习能力便会获得相应提升；学生带着任务完成表格的过程，就是自主梳理的过程，对提升其自主探究的能力是很有帮助的。

《芣苢》《插秧歌》群文阅读教学设计

教学目标

1.通过诵读，把握诗歌朗读节奏，体会不同形式的诗歌的特点，理解诗歌的内容。

2.通过活动探究，把握其中的思想感情，体会诗中蕴含的劳动热情，并赏析诗歌的表达技巧。

3.深入体会劳动精神的内涵，树立正确的劳动观。

教学重点

把握思想感情，赏析表达技巧。

教学难点

体会诗歌中的劳动热情，把握劳动精神的内涵。

导入

请同学们根据过去所学，回忆出有关劳动的诗句与大家交流分享。

示例：

（1）足蒸暑土气，背灼炎天光，力尽不知热，但惜夏日长。

（2）锄禾日当午，汗滴禾下土。谁知盘中餐，粒粒皆辛苦。

（3）晨兴理荒秽，带月荷锄归。

劳动是美的，因为唯有劳动才能催开娇艳的花，才能结出累累的果。劳动是美的，因为其中饱含着人类对于生的执着，对于明天的希冀。今天，让我们走进《芣苢》，走进杨万里的《插秧歌》，和古人共赏劳动之美。

学习活动一：诗歌诵读

诵读诗歌，把握诵读要领并理解诗歌内容。

1.《芣苢》诵读感知。

（1）播放童声朗读视频，注意读音节奏，把握基本意思。

（2）结合注释理解诗歌的意思，翻译诗歌。

采呀采呀采芣苢，采呀采呀采起来。

采呀采呀采芣苢，采呀采呀采得来。

采呀采呀采芣苢，一片一片摘下来。

采呀采呀采芣苢，一把一把捋下来。

采呀采呀采芣苢，提起衣襟兜起来。

采呀采呀采芣苢，掖起衣襟兜回来。

（3）朗诵这首诗歌要注意哪些方面？

①把握好节奏：

采采/芣苢，薄言/采之。采采/芣苢，薄言/有之。

采采/芣苢，薄言/掇之。采采/芣苢，薄言/捋之。

采采/芣苢，薄言/袺之。采采/芣苢，薄言/襭之。

②注意轻重音：助词适当轻读，动词适当重读。

③读出劳动的欢欣，劳动人民内心的热情。

（4）你觉得这首诗描写的是什么？要表达一个什么主题？

这是一首集体劳动的赞歌，描写了人们集体采摘芣苢的过程，表达了劳动者喜悦的心情。开始是泛言采摘，最后是满载而归，欢乐之情也从其中表现了出来。诗歌反复地描写劳动的过程，充满了劳动的欢欣，洋溢着人们对劳动的热情。

2.《插秧歌》诵读感知。

（1）指名朗读，读准字音。

（2）把握节奏，再次朗读。

朗读指导：七律阅读的两种节拍是"二二二一""二二一二"，朗读时要注意节奏，要抑扬顿挫。

插秧歌

田夫/抛秧/田妇/接，小儿/拔秧/大儿/插。

笠是/兜鍪/蓑是/甲，雨从/头上/湿到/胛。

唤渠/朝餐/歇/半霎，低头/折腰/只/不答：

"秧根/未牢/莳/未匝，照管/鹅儿/与/雏鸭。"

（3）指名翻译诗歌。

种田的农夫将秧苗抛到半空，农妇一把接住，小儿子把秧苗拔起，大儿子再把秧苗插入水中。

斗笠是头盔，蓑衣是战甲，但似乎没什么用，雨水从头浇入，直湿到肩胛。

喊他停下来吃早餐好休息一会儿，那农夫低头弯腰，努力插秧，半天不回答。

秧苗根部尚不牢固，栽种也还没完成，一定要照看好小鹅小鸭，不要让它们来破坏秧苗。

（4）用自己的话概括诗歌的主要内容。

全诗生动地描绘了江南农户全家总动员插秧的情景：

田夫、田妇、大儿、小儿各有分工，拔秧、抛秧、接秧、插秧，紧张忙碌而秩序井然。前四句为白描，简单直白而极富表现力；后四句宛若一组特写镜头，生动形象。

3.诵读比拼。

女生诵读《芣苢》，男生诵读《插秧歌》。

学习活动二：合作探究

1.布置学习任务：某杂志"跟我学诗歌"栏目每期推出一些诗歌与同学们分享，内容包括"诗意解读""诗艺鉴赏""诗志新解"几个小栏目。本期要推出的是《诗经》中的《芣苢》和杨万里的《插秧歌》，拟向我们班的同学征稿（"诗意解读"栏目不用再征稿），请同学们按照杂志社的要求和老师的分组，合作探究完成各组的征稿任务。

全班分为四个大组，每两个大组完成一个栏目的征稿任务，小组合作探究形成共同意见，向全班同学展示你们组的成果。

A组（包括第一、二组）完成"诗艺鉴赏"栏目的征稿任务，要求抓住诗歌的主要艺术特点设置若干小问题并给出答案。

B组（包括第三、四组）完成"诗志新解"栏目的征稿任务，要求分析出诗歌的共同主题及该主题的现实意义。

2.小组展示。

A组预设内容：

（1）《芣苢》一诗中"采、有、掇、捋、袺、襭"这六个字的顺序能够调换吗？试结合诗歌分析原因。

不能。这首诗用词连贯，是按劳动的流程来写的。从一开始人们呼朋引伴"采之""有之"，拉开了劳动的序幕，到一片片"掇之"，一把把"捋之"，再到手提衣襟"袺之"，掖起衣襟"襭之"，这是一个由少到多、由慢到快的完整的劳动过程，所以顺序不能调换。

（2）《插秧歌》全诗是围绕一个什么字展开的？如果要你给诗歌加一个"诗眼"，你会想到哪个字？为什么？

围绕一个"忙"字展开。首联以极其通俗生动的语言展示了插秧的繁忙景象："抛""接""拔""插"四个动词用语直白却极为传神，描绘出了全家老少齐上阵，为抢农时忙碌不停的场景。颔联通过环境描写衬托插秧之"忙"：诗人别出心裁地将"斗笠"比作头盔、"蓑衣"比作铠甲，暗示了冒雨插秧恰如一场紧张的战斗；而"雨从头上湿到胛"，写出了雨势之猛，上下两句表现出了农人在恶劣的条件下插秧不辍的艰辛和吃苦耐劳的精神。颈联诗人巧妙地插入了"画外音"，农妇招呼农夫来用早餐并小憩片刻，可农夫却依然低头弯腰劳作不辍。这一"唤"与"不答",给紧张忙碌的插秧场面以灵动的点染。尾联是农夫岔开农妇呼唤的答话:"抢插还未结束,种下的秧苗也尚未生根长稳,管好家里的鹅和鸭子,免得它们糟蹋庄稼。"用生动朴实的语言勾勒出了一个时时尽力、事事操心的忙碌的农人形象。

（3）《插秧歌》是一幅描绘农忙时节的风俗图画,其中第三句"笠是兜鍪蓑是甲"有人认为"游离诗外"了,你怎么看?

此句在结构上有承上启下的作用;内容上用"兜鍪"和"甲"分别比喻"笠"和"蓑",有一股火药味儿,暗示抢插稻秧就像一场紧张的战斗,也突出了农忙抢种的题旨。所以此句看似"游离诗外",实则堪称"神来之笔"。

（4）结合《插秧歌》说说"诚斋体"的语言特点。

诚斋体的特点之一是语言新、奇、活、快,即语言生动、自然、新鲜、活泼,幽默诙谐。该诗似是脱口而出,却又耐人寻味,富有新鲜之意和活泼之趣,从中也可看出诚斋体的部分特点。较之当时故作艰深、讲究"无一字无来历"的江西诗派末流,这样的作品自然是别具一格的。该诗从丰富多彩的现实生活中撷取劳动场景,逼真而又自然。曾有人评价该诗,通篇用口语、俗语连缀成句,用毫不卖弄甚至毫不修饰的白描手法,写出农家插秧的情景,那么浅显,那么真实，又是那么生动，那么形象，只觉一股活泼的生活气息从诗中溢出，向人扑来。

B组预设内容：

（1）中华民族历来便是一个热爱劳动的民族。读了这两首诗歌，我们对劳动要有正确的认识。

无论是欢愉的劳动场面，还是劳动者之间和谐的人际关系，都表明，劳动从来都是我们这个民族生生不息的不二法门。如果只关注生活的质量，不关注生活质量的来源，就会脱离生活实际，走入空虚、腐朽、没落。关注生活中的劳动者，才能真正认识生活的意义和价值。正是一位位普通而伟大的劳动者，生产了生活所需的物质资料，为我们的幸福生活提供了条件。

在新的时代，劳动的领域越发宽广。袁隆平辛勤培育稻种，张秉贵热心服务群众，钟扬探寻生命的边界，这些都是劳动者的杰出代表。在我们生活的社会里，有无数的大国工匠在精磨手艺，有无数的科研工作者在劳心探索，有无数的小人物在热血奉献。所有这些劳动者，支撑起了我们这个时代！

（2）作为新时代的青年，我们应该树立正确的劳动观。

伟大而平凡的劳动者支撑起了我们这个时代。在生活中，我们有必要给予身边的劳动者最积极的评价，有必要关注每一位劳动者的职业品质、专业精神。我们自己也要积极养成参与劳动、热爱劳动的好习惯，要打心底里赞美劳动。

要在这个时代传递正能量，就要从自己从事的职业做起，从自己热爱的事业做起，从细节之处做起，并积极调整自己的心理状态，提升自己的思想认识，在丰富多彩的日常生活中努力成长为一个热爱劳动的人。

学习活动三：对比分析

尽管《芣苢》《插秧歌》这两首诗都是有关劳动的颂歌，但是它们在描绘劳动场景、歌颂劳动热情方面又不尽相同，试分析其差异。

（1）表现手法上

①《芣苢》一诗运用重章叠唱的手法，直接把快乐地采摘芣苢的全过程绘声绘色地描写了出来，充满了劳动的欢欣，洋溢着劳动人民对劳动的热情。

②《插秧歌》一诗运用白描、环境烘托、比喻等手法，描绘了一幅紧张繁忙的劳动图景。

（2）思想主旨上

①《芣苢》这首诗让我们了解了古代太平盛世时期人们

的劳动场景，同时也让我们了解到了古代人所向往的生活状态：没有战争、暴政、苛捐杂税，人民内心安宁平静，生活上能够丰衣足食。

②《插秧歌》没有以同情的视角去表现劳动人民的生活，也没有深刻揭露统治者的残酷，没有通篇书写农民疾苦，而是抱着欣赏的态度，客观地表现劳动场面，其间也流露出了诗人对劳动和劳动者的赞美。

设计阐释

新教材中，单篇和"群文"是并存的，且群文的比例并不低，由此可见群文阅读和群文教学的重要性。

群文教学不能脱离单元主题，因为群文的构成或者是互补结构，或者是并列结构，无论如何，都一定是服从单元主题和指向单元学习任务的。本单元的人文主题是"劳动之美"，要求通过专题研讨等活动，深入体会劳动最光荣、劳动最崇高、劳动最伟大、劳动最美丽的思想，形成正确的劳动观。教学过程中的"诗歌诵读""诗艺鉴赏"等环节是为突出这一教学主题而服务的，而"诗志新解""对比分析"等环节是直接突出单元主题的。

群文教学怎么教？我们可以采取不同的策略来进行我们

的群文教学。比如设计阅读专题，落实阅读主题；首篇示范精读，其他自主阅读；创设活动情境，带动多篇联读；先分别读懂单篇，再集中研讨；进行文本之间的异同比较；以群文阅读为主体再向外拓展等。本课教学即采用先分别读懂单篇，再集中研讨的方式进行。

为了增加课堂的灵动性，增强学生参与的积极性，本课程设计了"诵读比拼""小组合作探究"等环节。

《记念刘和珍君》《为了忘却的记念》群文阅读教学设计（线上教学，第二课时）

教学目标

1.了解刘和珍、白莽等爱国青年渴求真理，勇于斗争的优秀品质。

2.从艺术形象中获得熏陶和感染，汲取人生营养，激发奋发向上的精神力量，坚定继承和发扬革命传统的志向。

教学重点

搜集有关刘和珍和"左联五烈士"的相关资料并展示。

教学难点

感受烈士的理想信念，接受革命传统的浸润。

导入

在我们印象中，鲁迅先生是"横眉冷对千夫指"，目光凌厉、高冷逼人的，其实鲁迅先生是 "俯首甘为孺子牛"，和蔼温暖、心有阳光的；在我们印象中，鲁迅先生的文字像一把匕首，毫不留情地插入敌人的心脏，其实鲁迅先生的很多文字像阳光、如雨露、似春风，鼓舞着每一位向上向善的中国人。《记念刘和珍君》《为了忘却的记念》两篇文章就足以让我们感受到鲁迅先生的真挚与深情。

学习活动一：我为英雄立传

1.回顾作业：为弘扬中华民族精神，学校文学社拟出版一期以"缅怀先烈，传承精神"为主题的专刊。专刊拟分为"我为英雄立传""我为英雄颁奖""我为英雄造像"三个版块。三个版块现向同学们征稿，请你积极参与。

首先征稿的是第一版块"我为英雄立传"，请你按照下面的要求，找到你的任务，以课文内容为主，结合课后搜集到的材料，给他们写一篇人物小传，重点讲述他们的故事。每组抽取一篇线上展示，其他同学的在课后发到班级钉钉群里展示。

第一组（学号01~11）的任务：刘和珍

第二组（学号12~22）的任务：杨德群、张静淑

第三组（学号23~33）的任务：白莽

第四组（学号34~44）的任务：柔石

第五组（学号45~55）的任务："左联五烈士"中其他
三位烈士

2.学生线上展示。

示例（文源网络，有修改，仅作参考）：

巾帼英雄刘和珍

刘和珍出身于贫民家庭，自小吃苦耐劳、好学上进。1918年秋，她以优异的成绩考入南昌女子师范学校。时值五四运动前夕，受到革命思潮影响，她经常阅读《新青年》等进步书刊，认识到时代新女性肩负着改造旧中国、旧制度的责任，积极投身于反帝、反封建的实践之中。五四运动爆发以后，她不顾学校当局阻挠，组织同学走上街头讲演，抵制日货，开始了她的革命生涯。

当时，南昌女师校规森严，她与进步同学一起同南昌学生联合会联系，成立了女师学生自治会，让学校被迫取消了许多不合理的校规，而作为带头人之一的她，受到了"记大过"的处分。1921年，刘和珍继续带领同学们向封建势力公开宣战，在江西首倡女子剪发。女师很快掀起剪发高潮，三

两天内剪发者不下百人。学校当局认为她"首倡剪发，有伤风化"，勒令她退学。

1923年秋，刘和珍从江西来到北京，考入国立北京女子高等师范预科，后升入女师大英语系。学习期间，她经常到北京大学旁听李大钊讲授"社会学""女权运动史"等课程，回校后广为传播。她也是鲁迅先生作品的忠实读者。由于思想进步、成绩优异，善于团结同学，她深受同学们的尊敬和信赖，被大家推选为女师大学生自治会主席。

由于校长杨荫榆极力维护封建礼教而引起进步师生不满，女师大于1924年11月爆发了"驱杨运动"，这就是中国妇女运动史上著名的女师大风潮。刘和珍作为女师大学生自治会主席，是这次风潮的主要组织者和参与者。

1924年11月，校长杨荫榆无理拒绝学生提出的关于辞退不称职教员的要求，并声称要处理刘和珍等为首人员，引起学生强烈不满。

1925年5月7日，北师大召开"五七"国耻纪念会，杨荫榆图谋主持大会，被刘和珍、许广平等人拒绝，遂恼羞成怒，决定开除刘和珍、许广平、浦振声等6人，引起学生激愤，女师大风潮愈演愈烈。此时刘和珍愤慨地对张静淑说："开除我不要紧，可是杨荫榆不走，学校就不能改进。"刘百昭还打算派军警押送刘和珍回南昌，刘和珍听到消息后说："这事倒极有趣，押我回去，我又来，其将奈我何。"

1925年8月10日，北洋军阀政府教育部宣布解散女师大，刘和珍受同学们的委托起草驱杨宣言，文章写得有理、有力、有节。

在教育总长章士钊的唆使下，刘百昭竟然率领军警闯进学校，并派武装军警和流氓打手400余人三次打进女师大，断电、断水、断炊，逼迫学生离校。刘和珍亲率学生誓死抵抗，并通电各界："此身可死，此志不渝，苟威武之再加，决誓死以殉校。"终因寡不敌众，她被拖出校门，关在一间潮湿的小屋内，但仍坚贞不屈。

8月10日，教育部颁发了停办女师大的命令。

女师大"停办"以后，在鲁迅等著名教授的支持下，于西城宗帽胡同继续开课。刘和珍等20余人，联名呈文，向京师地方检察厅公诉章士钊等人。北方革命运动日益紧张，段祺瑞政府要员纷纷逃离北京，章士钊也逃往天津。经过艰苦斗争，女师大复校，学生们整队从宗帽胡同回校。

1925年11月30日，女师大学生返校，发表复校宣言。1925年12月11日正式开课，在刘和珍的主持下，300余人召开大会庆祝斗争的胜利。

1926年1月13日，女师大新校长到任，鲁迅代表校务维持会表示欢迎，同时也表示校务维持会卸职。刘和珍在这种情况下，"虑及母校前途，黯然至于泣下"。

1926年3月12日，日本军舰驶入中国大沽口挑衅，继而纠集列强向中国政府发出最后通牒，进行无理要挟。北京各界无比愤慨，刘和珍说："外抗强权，内除国贼，非有枪不可""军阀不倒，教育事业就搞不好，打倒军阀后，我再当教师不迟。"

3月18日上午8时许，林语堂教授接到刘和珍的电话，以学生自治会的名义请准停课一日。这天，刘和珍正患病，时时呕吐，她不顾病痛，动员和组织工作。她把标语小旗分发给同学们，发表了简短而激昂的演说，然后高擎校旗，带队出发。

女师大的同学来到天安门前，国民大会尚未召开，主席台上悬挂着前一日因请愿被刺伤的代表的血衣。会后，正午12时，两千多名群众开始示威游行，刘和珍担任女师大队伍的指挥。

段祺瑞执政府门前的卫队荷枪实弹，如临大敌，几个士兵对手擎校旗的刘和珍指指点点，把枪口瞄准了学生。枪声响了，一场虐杀开始了。

顷刻间，刘和珍身中数弹，倒卧在血泊之中。同去的张静淑、杨德群急扑过去救助，她说："你们快走吧，我不行了，不要管我了。"她依然是那样温和地关心着同学。一排枪弹射过来，张静淑、杨德群倒在她的身边。这时又有军警冲过来，用棍棒猛击刘和珍。刘和珍在棍棒的毒打中牺牲，年仅22岁。

鲁迅先生评价她是真的猛士，认为自己应该对她表以悲哀与尊敬，她是为中国而死的中国的青年。

3.投票选出你心目中最感人的英雄故事的主角并说明理由，连线部分同学回答。

示例：

我心目中最感人的英雄故事主角是刘和珍。刘和珍热爱真理、敢于斗争、善良、有责任心和爱国心。鲁迅称赞刘和珍是"真的猛士"，赞扬了她敢于面对残酷的现实，英勇清醒、永不回避的精神，赞扬了她舍生取义的选择。

4.小结：鲁迅先生说，死者倘不埋在活人的心中，那就真真死掉了。刘和珍、白莽、柔石等人就如同"守夜人"一般，将面对苦难的勇敢、责任和担当深深埋在我们心里。

学习活动二：我为英雄颁奖

1.专刊第二版块"我为英雄颁奖"继续向大家征稿，请你为最打动你的英雄写一则颁奖词，100字左右。每组抽取一篇进行线上课堂展示，其他同学的在课后发到班级钉钉群里展示。

2.线上展示颁奖词。

示例：刘和珍颁奖词

你始终微笑着，亲切又和蔼。你的笑容像和煦的阳光一样感染着身边的人。就是这样的你，却遭到了反动派的残忍虐杀，你用自己的坚强勇敢，向他们表明捍卫国土完整的决心，你的革命热情将永留在华夏革命史中。

3.小结：鲁迅曾经"忍看朋辈成新鬼，怒向刀丛觅小诗"，今天的我们要接过先贤手里的接力棒，继承和发扬优秀革命传统。

学习活动三：我为英雄造像

1.专刊第三版块"我为英雄造像"继续向大家征稿，请你任选一位青年烈士，为他写一首小诗（诗歌体式任选），积极参与投稿。每组抽取一篇进行线上课堂展示，其他同学的在课后发到班级钉钉群里展示。

2.学生线上展示。

示例：

题刘和珍君

笑脸盈盈春风夸，体幼纤纤正芳华。

甘为光明赴断崖，血染城门海棠花。

3.小结："但我知道，即使不是我，将来总会有记起他们，再说他们的时候的。"正如鲁迅先生所说，这些为我们中国而死的优秀的青年人不应该被忘记，他们的精神激励我们前行。

作业

根据今天的教学内容，请同学们整理青年烈士的主要事迹，概括他们的性格特点和品格精神，完成下面的表格。

青年烈士				
主要事迹				
性格特点				
品格精神				

设计阐释

随着社会的发展，线上教学越来越显示出它的重要性，一般老师线上教学采取的是直播授课形式。但直播教学时，教师基本看不到学生的反应，交流互动比较困难，大多数时候只能自顾自地讲解，或者依靠经验进行调整。再者，学生分布在差异极大的环境中，无法排除外界的干扰，没有被关注和关照的感觉，也难以感受共同学习的气氛，极易产生倦怠感与孤独感，甚至是厌倦心理。不少教学因此陷入了一种比较尴尬的境地。

忙：教师忙于备课，忙于准备各种资料，忙于制作课件，忙于调试各种设备……

盲：学生盲目地听课，盲目地记笔记，盲目地应付作业……

茫：教师和学生都感到茫然！

我所在的工作室提出并践行的一种模式是：任务驱动式自主探究学习的线上教学模式。

我们认为，无论是线下课堂还是线上课堂，都要重视三个方面：教学应基于真实学情，保证学习发生的现实性；设计应能生成学生学习的欲望，保证学习发生的持续性；课堂应出现可观可测的教学效果，保证学习发生的有效性。基于这三个方面，我们在践行任务驱动式自主探究学习的线上教学模式时，一般按照三个步骤实施（前文已有阐述）。本课教学即这种模式的一个范例。

"青春礼赞"诗歌交流系列活动教学设计

教学目标

1.扩大阅读范围，提高阅读兴趣，提升语文综合素养，培养多读书、读好书、勤交流的好习惯。

2.通过阅读交流更好地定位青春，感悟如何放飞青春，让青春无悔。

教学重点难点

推荐诗歌，朗诵诗歌。

任务一 "青春礼赞"诗歌推荐会

1.内容：推荐我最喜欢的一首（组）诗歌。

学生从自己对青春的理解和阅读兴趣出发，向同学推荐青春题材诗歌，为作品撰写推荐语，要求言简意赅，有说服力与感染力，能激发同学的阅读兴趣。

2.推荐语的一般写法：（1）读懂相关内容，把握文本的体裁类型及主题。（2）告知大家文本的主要内容。（3）介绍这一作品值得推荐的地方，可以集中阐述其中的一个方面，也可以阐述其中几个主要方面。一般可从主题理解、语言风格、文章写作方法等方面入手。阐述时可适当引用、概括相关语句，加以具体说明。

推荐语示例：泰戈尔《生如夏花》推荐语（借鉴徐志摩版本，有删改）

他那高尚的人格，可以给我们不可计量的慰安，可以开发我们原来淤塞的心灵泉源，可以指示我们努力的方向，可以纠正现代狂放恣纵的反常行为，可以摩挲我们想见古人的忧心，可以消平我们过渡时期张皇的情绪，可以增加我们的同情与爱心，可以引导我们进入完全的梦境。

3.优秀推荐语展示：4~6人为一小组，以小组为单位交流推荐语。选出两篇优秀推荐语在全班交流，并制作成图文并茂的学习卡，张贴到班级学习专栏里。

4.青春题材经典篇目推荐汇总。

《祖国啊，我亲爱的祖国》（舒婷）、《女神》（郭沫若）、《我为少男少女们歌唱》（何其芳）、《死水》（闻一多）、《热爱生命》（汪国真）、《我用残损的手掌》（戴望舒）、《给太阳》（艾青）、《青春颂歌》（若丹）、《相信未来》（食指）、《生如夏花》（泰戈尔）等。

5.制作"诗人档案卡"：为推荐的诗人制作"诗人档案卡"，内容包括诗人的照片、代表作、诗人的艺术风格、其他人的评价等，然后附上推荐的诗歌。网上搜索并下载相关图片，做成美篇发布，或者选择合适的微信公众号发布。

任务二 "青春礼赞"诗歌朗诵会

从中外经典诗歌和同学们自己创作的诗歌习作中挑选适合朗诵的作品，在小组内朗诵展示，同学之间相互交流指正。

1.我选我秀：每组推荐两位优秀者参加班级展示，配乐朗诵，鼓励毛遂自荐。可以是小组集体参与或者小组部分成员参与。注意准备好背景音乐，设计好辅助性语言，如肢体语言、旁白等，还可以制作PPT播放。

2.我做主持：班级推荐两名主持人，举办班级"青春礼赞"诗歌朗诵会。主持人要先设计好主持词和串联词。

（以上两项任务事先布置，小组提前做好各项准备工作）

3.好诗我评：由5~7人组成评委团，评出一、二、三等奖若干；满分10分，评分保留一位小数；每人朗诵时间不超过4分钟。

4.推选2~3人充当点评嘉宾，对朗诵作品进行点评。

5.教师总结。

附：朗诵评价量表

评分项目	计分等级
语言规范，吐字清晰，声音洪亮，语速适中，语气、语调、节奏符合情感的起伏变化（2分）	优秀：1.5~2分
	良好：1~1.5分
	较好：0.5~1分
	一般：0~0.5分
精神饱满，能较好地运用动作、表情等辅助诗歌内容的表达（2分）	优秀：1.5~2分
	良好：1~1.5分
	较好：0.5~1分
	一般：0~0.5分
有较强的感染力，能达到良好的朗诵效果（2分）	优秀：1.5~2分
	良好：1~1.5分
	较好：0.5~1分
	一般：0~0.5分

评分项目	计分等级
脱稿朗诵，能熟练朗诵出诗歌内容（2分）	优秀：1.5~2分
	良好：1~1.5分
	较好：0.5~1分
	一般：0~0.5分
衣装得体、端庄大方、举止自然（1分）	优秀：0.5~1分
	较好：0~0.5分
时间控制在4分钟之内（1分）	优秀：0.5~1分
	较好：0~0.5分

任务三 "青春礼赞"诗歌交流活动发布

1.精选活动照片三十张左右（包括台前幕后的），剪辑制作成名为"青春礼赞"的小视频，5分钟左右，配上解说词和背景音乐，发布到班级微信群或抖音上。科代表担任"制作总监"，写解说词、配乐、精选照片、编辑制作等分工合作，两天内完成（利用课余时间）。

2.这次参与了比赛的同学，把自己的朗诵视频编辑制作好后，发布到腾讯视频或者抖音等平台。

设计阐释

使学生能够真正地、全面地动起来，使课堂高效灵动，是这堂课的主要设计理念。

这是必修上册第一单元的一次语文学习活动，表面看可能课堂上一节课或者两节课就完成了，但实际上活动前后要做的事很多很多，而且主要依靠学生自己动手做。

语文学习活动要真正落实到位。语文教学要突出学生的主体地位，培养其创新精神和实践能力，全面提升学生的语文素养。因此，我们开展语文学习活动要精心筹备，要舍得花时间让学生"说起来""练起来""动起来""用起来"。本节课就是基于这个认识而设计的。

语文学习活动要突出学生的主体地位。课堂不仅是老师的，更是学生的；课堂的精彩不仅在于教师的引导、答疑解惑，更在于学生的"闪亮登场""七嘴八舌""蠢蠢欲动"。选出优秀推荐语在全班交流并制作成图文并茂的学习卡，为推荐的诗人制作"诗人档案卡"，我选我秀，我做主持，好诗我评，制作"青春礼赞"小视频等活动的开展，就是为了达成这个目标。

《乡土中国》整本书阅读教学设计

教学目的

1.回顾《乡土中国》中的基本概念和主要观点，将阅读收获进行迁移运用。

2.结合特定的时代背景，审视作者的观点，进行个性化评价阅读。

教学重点

《桃花源记》《祝福》中的"乡土本色"的体现。

教学难点

对《乡土中国》中的阅读知识的迁移运用和评价。

学习活动一：分享阅读收获

1.回顾布置的作业：做好《乡土中国》整本书阅读的知识卡片，卡片主要内容是这本书的主要概念和主要观点。

2.采用抽签形式，分别解释下列概念（仅罗列《乡土中国》中部分概念为例）：

面对面社群　熟悉社会

差序格局　团体格局

感情定向　浮士德式文化

礼治社会　无为政治

横暴权力　同意权力

社会契约　长老统治

附：各概念的解释

面对面社群：人们终日面对面相处而形成了直接交流会意有时甚至无须语言这·媒介的社区形态。

熟悉社会：因见证了每个人的生长过程从而使人和人、人和物形成了最为熟悉的社会关系的村落式社会形态。

差序格局：乡土社会里的人际关系是以个人为中心，依据私人关系向外不断延伸而形成的可以自由伸缩变化的具有差等次序的关系圈。

团体格局：由若干人组成的各种各样的关系平等、界限分明、互相合作的团体构成的社会形态。

感情定向：文化规定感情可以发展的方向。

浮士德式文化：生命的价值在于不断克服各种冲突形成的阻碍的过程。

礼治社会：运用教化的形式让人们形成的主动服膺于传统习惯的维持社会稳定的方法。

无为政治：乡土社会因不具备横暴权力所追求的经济效益，也不具有同意权力所要求的分工体系而形成的松弛的"统治"形态。

横暴权力：发生在阶级斗争里的以自己的意志驱使被支配者而带有压迫性质的权力。

同意权力：在社会分工的状态下人们必须遵守契约来维持各人的工作、维持各人可以互相监督的责任的权力。

社会契约：在社会分工的前提下，人们为了保障每个人的责任与义务而形成的共同授予的权力。

长老统治：区别于横暴权力与同意权力的以教化形成的礼的统治形式。

3.运用抽签形式，分别回答《乡土中国》相关的问题。

《乡土本色》中阐述的基本观点是什么？

《文字下乡》《再论文字下乡》中阐述的基本观点是什么？

《差序格局》《维系着私人的道德》中阐述的基本观点是什么？

《家族》《男女有别》中阐述的基本观点是什么？

《礼治秩序》《无讼》中阐述的基本观点是什么？

《无为政治》《长老统治》《血缘和地缘》中阐述的基本观点是什么？

《名实的分离》《从欲望到需要》中阐述的基本观点是什么？

学习活动二：合作探究，迁移运用

1.全班同学分为八个小组（每组6~7人），其中第一组至第四组的同学探究第一个问题，第五组至第八组的同学探究第二个问题。在小组合作形成共同意见的基础上分组上台展示。

第一个问题：结合《乡土中国》中的相关知识，分析陶渊明的《桃花源记》中所描绘的"桃花源"是否体现出了乡土中国社会的典型特征？如果是，它体现了乡土社会哪些方面的特征？

第二个问题：结合《乡土中国》中的相关知识，分析鲁迅的《祝福》中所描绘的"鲁镇"是否体现出了乡土中国社会的典型特征？如果是，它体现了乡土社会哪些方面的特征？

2.探究示例：

《桃花源记》中描绘的"桃花源"：

土地平旷，屋舍俨然，有良田、美池、桑竹之属。阡陌交通，鸡犬相闻。其中往来种作，男女衣着，悉如外人。黄发垂髫，并怡然自乐。

见渔人，乃大惊，问所从来。具答之。便要还家，设酒杀鸡作食。村中闻有此人，咸来问讯。自云先世避秦时乱，率妻子邑人来此绝境，不复出焉，遂与外人间隔。问今是何世，乃不知有汉，无论魏晋。此人一一为具言所闻，皆叹惋。余人各复延至其家，皆出酒食。

这里的桃花源就是一个典型的熟人社会，是一个封闭的社会结构模型。这里以农业为主，"土地平旷，屋舍俨然，有良田、美池、桑竹之属"；这里表现出的是一种面对面的社群，"黄发垂髫，并怡然自乐"；这里表现出的是一种礼治秩序，"便要还家，设酒杀鸡作食""余人各复延至其家，皆出酒食"；桃花源的人们是聚居的，"阡陌交通，鸡犬相闻"；这是一个熟人社会，"见渔人，乃大惊，问所从来"。从作者寄寓的理想上看，文章表达了对没有压迫和战乱，人们以农为生、安居乐业、稳定安宁的社会的向往，这种社会特点与乡土中国的特点有很多相同之处。

《祝福》里的鲁镇：

"差序格局"的表现：祥林嫂虽然勤劳善良，但是她一直被排挤，就是因为在以"鲁四老爷"为中心的差序格局里，她处在该格局的最边缘，是一个与中心——鲁四老爷没有任何关系的人物。所以，她被鲁家上下嫌弃排挤。

无讼社会的表现：维系鲁镇社会的是封建礼教，所以，当祥林嫂的婆家把祥林嫂抢回去时，鲁四老爷并未阻止；祥林嫂被逼改嫁，人们欣然接受；"我"回故乡看到这一切，也是心有余而力不足。

时势权力的表现：鲁四老爷具有支配一切的权力，四婶只是顺从，柳妈显得伪善，人们更是麻木。

礼俗社会的表现：冬至和新年祭祀时，"祝福"只限于男人拜神；祥林嫂被婆婆逼迫改嫁；鲁四老爷排斥祥林嫂；柳妈传播"阴间""地狱"的事……从中折射出"鲁镇社会"存在信奉天神祖先、男尊女卑、童养媳、家长专制、寡妇禁忌和迷信鬼神等现象。

学习活动三：实践运用

1.继续分组探究，分组方式跟前面相同，第一组至第四组的同学探究第一个问题，第五组至第八组的同学探究第二个问题。在小组合作形成统一意见的基础上分组上台展示。

第一个问题：讨论桃花源村长的评选条件。

假设渔人来到这里时，桃花源中原村长过世了，需要选举一位新的村长，你觉得新的村长该具备哪些条件？

第二个问题：给鲁镇建设提出合理化的建议。

随着城市化的发展，特别是城乡一体化步伐的加快，城市与农村的差距也逐渐在缩小，"乡土"观念日渐式微。如果要你来重新建设鲁镇，你有哪些好的建议？

2.探究示例：

村长的评选条件：

（1）在本土出生长大的人，熟悉桃花源的一切情况以及共同的"村约"。

（2）不一定认识很多字，但年龄一定不能太小，而且需要品德高尚，有强制年幼的人服从教化的威严。

（3）祖辈做过村长的优先考虑。

给鲁镇建设提出合理化的建议：

（1）对大家进行思想教育，乡土城镇化与"记住乡愁"并不矛盾。

（2）由珍视历史遗存转向提升品质、注重人性的培养。

（3）打造优势产业，发展特色小镇经济，用特色文化保留乡土气息，增强人们的认同感、归属感。

作业

结合自己读过的其他作品，以"《＿＿＿＿＿＿》中的乡土本色"为题，写一篇不少于500字的读书札记。

设计阐释

注重阅读的迁移，提升实践运用能力。从学生的阅读经验出发，使其真正掌握学术类著作的阅读方法，这是《乡土中国》整本书阅读教学的重点。但使学生能学以致用，这才是教学的最终目标。

设置情境任务，引导学生将学到的理论知识应用到解决问题上。学生通过教师设置的情境完成任务，将学科核心素养外显为可观测的行为表现。学习活动二的设计目的就是整合旧学与新知，让学习变成一个不断吸收新知识、更新知识储备的动态过程。

教学要给学生搭建交流和展示才华的舞台。让学生设计知识卡片，既可以巩固学生对学术概念的理解，提升学生提炼、总结著作观点的能力，又可以充分发挥学生的聪明才智；学生小组合作探究后的成果展示，更是小组里个人与集体智慧的结晶。通过展示，能很好地激发学生的学习热情。

《说真话，抒真情》作文指导教学设计

教学目标

1.培养学生对生活的感受能力，使之善于捕捉动情点，发掘感动点，表达真情实感。

2.体悟生活中的真善美。

教学重点

善于捕捉动情点。

教学难点

发掘动情点，提炼素材写亲情。

导入

播放公益广告《孝道，使不可能变成了可能》视频。

这个广告之所以这么催泪，就是因为它表达的是真情实感。我们的作文也是一样。作文写什么，怎样写才能打动读者？老师的回答是：笔尖淌真情，魅力才无限。因为写作是与自己心灵的真诚对话，大家写作历来力求写出真情实感，没有感情也就不存在真正的艺术。

学习活动一：读，品文悟情

1.齐读史铁生的《我与地坛》（片段），找出动情点，品味作者的情感。

　　曾有过好多回，我在这园子里待得太久了，母亲就来找我。她来找我又不想让我发觉，只要见我还好好地在这园子里，她就悄悄转身回去，我看见过几次她的背影。我也看见过几回她四处张望的情景，她视力不好，端着眼镜像在寻找海上的一条船，她没看见我时我已经看见她了，待我看见她也看见我了我就不去看她，过一会儿我再抬头看她就又看见她缓缓离去的背影。我更是无法知道有多少回她没有找到我。有一回我坐在矮树丛中，树丛很密，我看见她没有找到我：她一个人在园子里走，走过我的身旁，走过我经常待的一些地方，步履茫然又急迫。我不知道她已经找了多久还要找多久，我不知道为什么我决意不喊她——但这绝不是小时候的捉迷藏，这也许是出于长大了的男孩子的倔强或羞涩？

但这倔强只留给我痛悔，丝毫也没有骄傲。我真想告诫所有长大了的男孩子，千万不要跟母亲来这套倔强，羞涩就更不必，我已经懂了，可我已经来不及了。

评点：子欲养而亲不待是多么令人痛心的事啊！史铁生21岁双腿瘫痪，曾经狂躁、绝望。深沉的母爱给了他活下去的力量。这段文字是人到中年的史铁生为怀念母亲而作的，感情真挚、感人。

问题：找出打动你的字、词、句，思考它们打动你的原因？

学生回答后教师小结：好文章能引起情感共鸣，我们写作要捕捉动情点，写触动心灵的人、事、物，写自己的真情实感。

2.文章的动情点，即情感的触发点，通过它能够引起我们的种种情思。它可以是情感的宣泄（直抒胸臆的句子），也可以是理性的思考（议论性的句子），还可以是具体的形象（景、物、事），甚至是人的外貌、动作、心理、语言的描写等。比如，一个具体的物品，一个特定的场景，一个细微的动作，一个关爱的眼神，一句殷切的叮咛，一个缓缓离去的背影……

3.或许同学们会说我们的生活平淡枯燥，我们没有这样的境遇，那么点滴小事难道不能体现爱吗？请上网搜索打印并阅读高考满分作文《踮起脚尖》，画出你认为好的字、词、句、段，谈一谈你认为好的理由。

4.通过参与以上学习活动，同学们在写作上有了什么启示？

（1）情感往往寄寓在具体的形象中。写景状物、写人叙事，都是为抒发情感服务的。

（2）作文的情感生于对日常生活的记述，生于对个人成长产生过重大影响的事件的表述。书写触动心灵的人和事，文章才会真实感人。

（3）作文的情感必须是自己独特的生命体验和感悟，要真实、细腻、感人。

（4）作文必须要有感动自己又打动读者的动情点。要使作文情深意浓，必须捕捉和突出动情点。动情点要着眼于"小""真"。

（5）记叙文突出动情点的策略：

A.加强扩句，充分运用修饰语，将人、事、物形象化、具体化；

B.巧用修辞，增强作文语言的感染力；

C.穿插描写，使行文生动、血肉丰满；

D.赋予深意，小中见大。

学习活动二：说，探究技巧

1.小组合作探究以下文段在感情抒发上有什么特色。

文段一：

我像一个拾荒者，悄悄收藏起时光的底片……

我与奶奶的最后一次相见，是今年的春节。那时她饱受疼痛的折磨，卧床已达两个月之久。我来到她床前时，她在床上躺卧着，我当时心里是那样难受。这样一个为了整个家族操劳一生的女性，到了晚年却不能安享幸福。她的被子还是十几年前从我家搬到二伯家时带去的，旧式的棉布面料，一个补丁摞着一个补丁。我握着奶奶枯如竹节的手，心里难受到不能自己。

文段二：

有一次给家里打电话，其余的话已忘，只记得父亲问我的学习状况、生活状况，我说上晚自习时脚有点冷。不料父亲晚上就到了学校来，我问他有什么事，他从包中拿出一双崭新的棉鞋递给我说："你早上不是说晚自习脚冷吗？我给你买了一双鞋，晚自习时换上，自己要照顾好自己。"我说："知道了，你有没有吃饭？"他说："没有。"我们就去了学校附近的一个小餐馆吃了点东西。父亲要走了，夜晚的寒气阵阵袭来，父亲走在夜色中的背影微微颤抖，我的泪不由自主地落了下来。坐在教室里，穿着温暖的棉鞋，心里暖烘烘的，那个微微颤抖的背影定格在我的脑海里，使我浑身充满了力量。

文段三：

那天，我们上地理课时，一位同学和老师顶嘴。这件事不知怎么传到了班主任的耳朵里。

只见班主任踱进教室，用那种带刺的眼光扫视了大家一遍，然后低沉地发问："谁干的？站起来！"教室里只有四种声音：老师的脚步声，我们的呼吸声、心跳声和钟表的嘀嗒声。

文段四：

爸爸，今天看到窗前临风摇曳的竹，我便想起了您对我的爱。不能忘记，几多回，您用宽厚的肩膀把我高高地托起，在花草间奔跑；不能忘记，为了养育我们，您在暑天里四处奔走，收酒瓶、收破烂，归来时您是满身的灰尘、满身的汗水，深深的皱纹里藏着辛劳和艰难；不能忘记，在我深夜生病时，您不顾一天的劳累，不顾外边风狂雨骤，背着我深一脚浅一脚奔向卫生院；不能忘记，我康复出院时，您喜极而泣的憔悴面容。爸爸啊，每次看您，我都抑制不住伤感的泪水。

文段五：

那一刻，我突然感觉一股暖流从心底喷薄而出，灌注我的全身。我觉得那就是割不断的亲情，那是心底的回音。我突然找回了被父爱包围的感觉，这父爱不像从前那样广博而无微不至，但它却更深沉，更能激起我内心的共鸣。我觉得我重新认识了您。亲情不断，血脉相连。关系也许会疏远，可无论这代沟有多宽，我终究会望见您。

文段六：

挥一挥羊鞭，锦帽貂裘，他将其扔进云霄深处；弄一支秃笔，矮纸斜行，他镌刻出对大汉最深切的眷顾。一边是高官厚禄，一边是赤胆忠心。站在忘却与铭记之间，他选择了忘却富贵，选择了铭记忠心，给人性涂上最浓重的一笔。

擎一支旄节，他怀抱汉匈和睦的夙愿，奔走于茫茫大漠；扶一阵驼铃，他阔别长安的歌舞升平，游荡于寒沙衰草。他要用挺直的脊梁，架起横亘天山、沟通中原的飞虹。

哀叹，当汉使谋反事败；正气，当苏武拒绝折节叛敌；惊诧，当单于面对这个宁死不屈、不为富贵所动的铁血男儿；执着，苏武举起羊鞭，选择作高山雪莲那执着而圣洁的守望。

（文段资料来自网络，依据教学实际需求，部分有所优化删改）

264

2.小组派代表发言。

3.小结：记叙文写作特别要注意的几个方面。

（1）真：摒弃虚伪，崇尚真实。

文章要有"我"，要把自己代入写作对象之中，对相关对象进行整合加工，使"我"成为所叙之事的参与者、目击者、组织者、合作者、引领者等。谈"我"的观点、体验、见闻、认识，引领读者临其境、见其景，往往更能凸显作文情感的"真"和"实"。如文段一所示。

（2）小：走进生活，捕捉小事。

写作时选择那些自己经历过的或者最熟悉的素材来写，如父女情、母子情、手足情、同学情、师生情等。现实的生活和身边的世界，永远是作文的源头活水，我们要善抓动情点，捕捉触动心灵的小事。如文段二所示。

（3）细：充分描写，雕饰细节。

好的记叙文都是通过细腻真切的描写把抽象的感情具体化，把自己的感情准确、细致、充分、生动地抒发出来。写作时我们要重细微瞬间，以细节描写打动人心。如文段三所示。

（4）实：化虚为实，具体可感。

人的情感的强烈爆发，往往有其特定的"触发点"：有人看到日出能激动得热泪盈眶；有人听一首乐曲便会心潮澎湃；有人看到"帘外雨潺潺"就会惆怅满怀；有人看到"月上柳梢头"就会联想到伊人在水一方。心灵因"触"而动，要使文章能够动人传情，就要善于找触发点、抓动情物；找不到触发点、抓不住动情物，那样的感动是一种泛感动，并未触及心灵深处。所以，成功的情感表达不能过于抽象、过于空洞，空喊口号。我们不妨"化虚为实""化抽象为具体"，即以生活中具体可感的小事为凭借，传达抽象无形的情感，在具体叙事中做到情物交融、情事交融、情人交融。如文段四所示。

（5）深：抒情议论，升华主题。

好的记叙文在具体描绘事件后，总是善于运用抒情议论性的文字来升华作品的主题，所以我们要学会挖掘素材意蕴，"提炼"出有价值的感悟。如文段五所示。

（6）亮：巧用修辞，彰显文采。

作文中运用修辞手法，能增强语言的文学性，增强语言的表现力和感染力。善于运用修辞手法是语言有文采的一大标志。修辞手法能使语言生动形象。善于运用比喻、比拟、借代、夸张、对偶、排比、设问、反问等修辞手法使文章的表达方式更加多样，能够更好地表情达意。如文段六所示。

学习活动三：听，触动真情

1.在很长的时间里，我们沐浴在父母对我们的浓浓的爱意中，我们没有能够去了解、去观察我们的父母。在很多时候，我们往往忽视了那时刻环绕在我们周围的父母之爱。你有过吗？

同学们，让我们看一段视频，视频中的人和事或许会使你想起自己的经历：快乐的、伤心的、愧疚的、感激的……

播放视频《时间都去哪儿了》。

打开你尘封已久的记忆，翻开你成长的相册，请回忆并叙述一件触动你心灵的事，捕捉、突出动情点，抓住细节描写，可兼用抒情、议论的手法，写一篇200字左右的小短文，并与大家一起分享。

2.写完后进行小组交流，每组选出一名最佳发言人，其他同学充当倾听者与点评员。鼓励学生畅所欲言。

3.总结：亲情无小事，点滴皆素材。拒绝空洞与肤浅，我们每个人都要用一颗感恩和敏感的心去感悟生活，去从生活中选取写作素材，用笔将真实的感情表达出来。

学习活动四：写，学以致用

1.从下面两个题目中任选一个，写一篇800字以上的文章（课后完成）。

（1）常怀感恩之心，记录成长历程，体验感动写真情，我们传递正能量！请以《爱，一直都在》为题，写一篇作文，要求写出真情实感。

（2）高中时代，我们会面临重要的选择，比如选择以哪所大学为目标、未来从事什么职业等。给友人写一封信，谈谈自己的选择及理由。要求说真话、抒真情，以理服人、以情动人。

2.范文参考：

总有一条道路可以抵达

新宁县第一中学 312班 陈洁

同在一个屋檐下生活了十多载，我和父亲的关系却如同未点燃的蜡烛——不冷不热，我找不到一条可以抵达父亲心灵的道路。

父亲很细心，他会把房间打扫得一尘不染，把衣柜整理得井井有条，也会把我的饮食起居安排得一丝不苟，却唯独不会对我说半句赞扬的话。父女之间的话题除了学习就是成绩，除了成绩就是学习。

多少个不眠之夜，只为揣度父亲待我的那颗冰冷的心：父亲嫌我是一个女孩子吧？父亲是不爱我的吧？他只是希望我考个好大学，然后回报他的养育之恩，让他能安享晚年吧……猜测多了，我也越发对父亲感到不满和怨恨了，也越发觉得要找到一条抵达父亲心灵的道路好难好难。

怨恨积蓄久了终究是会爆发的。这次月考，我又跌了十多个名次，父亲拿着成绩单对我咆哮："你是怎么读书的？难道没有脑子吗？我怎么会有你这么笨的女儿？"每一字每一句都冲击着我的大脑，让我不能呼吸。本来就深深自责的我此刻被怨恨冲昏了头，我哭喊道："在我取得好成绩的时候，你表扬过我一次吗？在我灰心失意的时候，你对我说过一句鼓励的话吗？你没有！你没有！每次你都只会批评我，打击我！我讨厌你！"寒冷的冬夜，我还来不及换下洗澡时穿着的拖鞋就噔噔噔地逃出了家门。我怨恨地想，那条抵达父亲心灵的道路我不找了。

我边走边哭，边哭边走，忽然被一对父女吸引了：女儿很小，依偎在父亲怀里，父亲紧紧地抱着女儿，他们就这样紧紧地依偎着，大手握着小手，小手攥着大手，伫立在寒风里；一阵寒风吹过，父亲把女儿搂得更紧了……眼泪湿润了我的脸庞，在我的记忆里，父亲从来没有抱过我，也从来没有握过我的手，即使我摔倒了、受伤了，他也从不会安慰我，只会留下一句冰冷冷的"自己起来"。想到这，我多么希望自己就是那寒风中的小女孩，于是越发觉得委屈伤心了。

我最终还是决定回去，即使难以面对冰冷的父亲，也不忍心慈爱的母亲为我担心难过。突然，在离家不远的路灯下，我看见了一个熟悉的身影。他不停地走来走去，每一步都十分沉重，时不时地搓一搓手，又时不时地看一看手表，似乎在思考一件什么重要的事情。冬日黄昏下，他的影子拉长了又缩短，缩短了又拉长。不知道为什么，我突然有种想哭的冲动，心中也朦朦胧胧觉得似乎有一条可以走进父亲心灵的道路。

走近的时候，我惊呆了——什么时候健壮的父亲变得如此矮小了？什么时候父亲的背如此弯曲了？什么时候父亲已不再能抵御寒风了？又是什么时候年轻的父亲生出了如此多的白发？那一根一根的白发就仿佛他一缕一缕的愁丝啊！刹那间，自责、愧疚、心痛的感觉一齐涌上心头，原来一直和我作对的父亲也终有一天会老，原来故作坚强的父亲也有脆弱的一面。突然，我很想找到一条可以抵达父亲心灵的道路，来抚平父亲的伤痛。

父亲看到我，满脸的皱纹一下子舒展开来，可转眼又开始故意掩饰。父亲把露在脸边的笑偷偷收了回去，他假装平静地走过来，把他暖和的大衣披在我肩上，握起我已经冻僵的手放在他的手心。一路上，父亲都紧紧地握着我的手，仿佛怕我丢了似的。这一晚，虽然身体无比寒冷，但我内心无比温暖。就在此刻，抵达父亲心灵的道路在我心中似乎清晰了许多。

母亲说，我逃出家的这一晚，全家人都吓坏了，只有父亲镇定地说："放心吧，我最了解我的女儿了，她从小就乖，等气撒够了，一定会自己回来的，只是夜这么黑，天这么冷，真怕她害怕啊。"

母亲说，自打我上高中之后，父亲就一直念叨，等女儿考上了重点大学，家里一定要摆酒席好好庆贺庆贺。

母亲说，平日我不在家的时候，父亲总是拿出我小时候的照片，一边看一边笑："看吧，还是我女儿最可爱。"

母亲说，父亲每次责骂我时，其实他心里比我更难受，但只要一想到我迟早会离开他们，就马上又硬着头皮教育我。

母亲说，父亲一直都夸我乖巧，长大了一定是个孝顺的女儿。

…………

是啊，我和父亲身上流着相同的血，系着血浓于水的亲情，父亲如此地关心我、激励我、信任我，我为什么不能理解他、相信他呢？而这，不正是抵达父亲心灵的那条道路吗？

总结

课堂总结：好文之源皆在一"情"字，情要真，情要切，情要奇！

写亲情如此，写其他也如此。只有我们真切地亲近自然、关爱人生、关注社会，在生活中体验、感悟、观察、思考，才能写出感动自己、打动别人的好文章。

设计阐释

语文教学需要学会传情，需要以情激情，如此才能使教学内容有血有肉。以情施教，文中所描写的景和物、人和事，所倾注的情和意，所阐发的道理，才会叩击学生的心灵，使学生产生共鸣。大部分学生都能够投入其中、陶醉其中，这样的课堂无疑是灵动的。

作文教学的重点当然是写，但如何写，这个问题很重要。比如抒发感情的文章，学生如果没有感悟到真情，又怎能写出情感真挚的文章呢？感悟真情，需要学生全身心地投入其中。朗读之后找出打动人的字、词、句并思考它们为什么能够打动人，看完视频后抓动情点来表达情感，就是基于这一目的而设计的。

教学过程中，引导学生全身心投入是最重要的，特别是品文和视频欣赏。不能仅仅停留在文本上，那样解决不了学生的问题，因为文中人物没办法走进学生的心里，而需要学生走进文中人物的心里，让学生以文中人物的视角去观照整个事件，从而融入自己的真情。

当堂进行片段写作训练，能够检测学生的课堂学习效果，激发学生的写作积极性。写作之后的交流点评，也是非常重要的一个环节。对学生的写作成果和其他学生的点评，教师应给予充分的肯定与鼓励，增强学生的写作兴趣，提升其写作能力。

第 四 章

灵动课堂教学实录精选

《将进酒》课堂实录

导入

师：掀开中国文坛的"盖头"，我们就会发现，有一阵阵酒香伴随着清风徐徐飘来，可以说，在中国文学史上，诗和酒是相从相随、相辅相成的。中国的诗人大多喜欢喝酒，因为酒可以让他们把所有忧愁痛苦抛至九霄云外；因为酒可以让他们在精神时空里尽情翱翔；同样，也因为酒，他们才留下了许多传世佳作。

在所有的饮酒诗中，最有价值的、名气最大的、酒味醇烈的，便是李白的《将进酒》。那么，今天我们就一起学习这首诗，领略诗仙的姿态、酒仙的风采。

师：这是我们这节课的学习目标，某同学，你来给大家读一下。

生：（诵读）

诵读诗歌，熟悉诗歌内容，理解诗歌的基本含义。

把握诗歌的感情基调，理解李白思想感情的复杂性，在诵读中感悟诗句间蕴含的跌宕起伏的感情激流。

体会诗人把饮酒和对黑暗现实的批判结合起来，在劝酒放歌中，一吐心中情感，抒发多种人生感慨的写法。

学习活动一：畅读通其韵

师：首先，请大家自由地朗读课文，要求结合文本下面的注释自由朗读，读准字音，读通文意，读出感情来，读两遍。

（学生自由朗读）

师：下面来检测一下读音和对关键词语的理解情况，我们从二组一号同学开始，采用"开火车"的方式依次接上。

（学生接龙读音、解释关键字词，过程略）

师：把音读准，把基本的意思弄清楚，这是学习诗歌的第一步。下面请一位同学来给大家读一遍，其他同学做好点评的准备。点评时请注意，他的读音是否正确，停顿的地方是否有误，感情的表达是否正确，重读和轻读是否正确，不对的地方请各位同学做好标记加以指正。

生1：（朗读课文）

师：哪位同学给他点评一下。

生2：我先说一下他的优点，普通话比较标准，吐词清晰。缺点是诗歌的感情没有很好地表达出来，比如第一句，朗诵的时候应该有气势一些；一些应该重读的地方没有重读，比如"高堂明镜悲白发"的"悲"字，应该要带点悲伤的感情色彩，应该重读。我点评完了，谢谢老师。

师：还有同学想要点评吗？

生3：我觉得这位同学应该在"岑夫子，丹丘生，将进酒，杯莫停"这里读得高昂、急促一些，因为这是劝酒的词，应该读得有力度一点。

师：也就是读的时候要注意那种节奏的缓急是吧？很好，还有同学想要点评吗？

生4：以我的了解，李白作为诗仙，他的诗一贯是激昂豪迈的，那么我们在读的时候也应该以一种激昂明快的节奏来读，尤其要突出他在这首诗中的悲愤情感。刚才这位同学在朗读过程中有些字咬字较重，让人听起来不那么自然。

师：还有同学想要点评吗？

生5：我个人觉得这位同学在刚刚的朗读过程中没有投入足够的情感，他没有站在诗人李白的角度来朗读，情感不到位。

师：总结以上几位同学的点评，我们在朗读的时候要注意许多问题。

节奏方面——注意完整的音节以及语意停顿。

语速方面——注意沉痛、悲凉、柔和的长句要读得比较舒缓，轻快、愉悦、激昂，表达愤激之情的短句要读得比较急促。

重读轻读方面——体现情感色彩的词要重读。

请同学们注意这些朗读的要领。下面我们请一个同学再读一遍。

生6：（朗读课文）

师：很好，进步很明显。

师：请大家将课文齐读一遍。

学习活动二：品读感其人

师：通过前面的朗读和交流，我们基本上明确了这首诗的意思和感情基调。下面我们进入对文本的品读环节。请同学们深入探究文本，说说你从这首诗中读出了一个什么样的李白？要求选择几句你最喜欢的诗句进行朗读，然后结合具体诗句，从内容、手法、情感等方面进行品读。可以跟周围的同学交流。

（学生各自朗读、交流讨论）

师：哪些同学愿意自告奋勇来展示一下自己的思考成果呢？

生7：我最喜欢"君不见黄河之水天上来，奔流到海不复回"这一句，它采用了想象和夸张的手法突出了黄河之水的汹涌澎湃，表现了作者"狂放"的思想感情。

师：我提一个小小的问题，这两句诗是表达了作者的狂放吗？

生8：这两句诗主要作用应该是起兴，后面的两句才是诗人"狂放"情感的表达。

师：是的，这两句的主要作用是起兴，其他的分析得很好。好，有请下一位。

生9：我最喜欢"君不见高堂明镜悲白发，朝如青丝暮成雪"这一句，它采用了比喻和夸张的手法，表现了作者的悲情。

生10：我喜欢"钟鼓馔玉不足贵，但愿长醉不愿醒"这一句。富贵功名在李白的眼中根本就不值得称道，他只愿沉醉于酒中，不愿醒来，只因他看破了官场的黑暗，他无法实现自己心中治国平天下的理想。在黑暗的现实面前，他无能为力，只得借酒来麻醉自己。我们都知道，李白是放荡不羁的，所以我们可以从中读出李白的愤激之情。

师：分析得很好，结合了李白的生平以及当时的社会背景。有请下一位。

生11：我喜欢"天生我材必有用，千金散尽还复来"这一句。从这一句中我读到了一个乐观自信、积极用世的李白。

生12：我喜欢"五花马、千金裘，呼儿将出换美酒，与尔同销万古愁"这一句。从这一句中我读到了一个狂放不羁的李白。

…………

师：是的，在这首诗里，李白表现的感情是多样的、多方面的，那为什么呢？接下来我们来看看李白的人生经历。请一个同学把资料给大家读一遍。

生13：（朗读资料）

师：结合李白的人生经历，请分析他为什么会表达出多样的、复杂的情感。

生14：从李白的经历可以看出，他怀有济世安民之志，也曾有过实现自己志向的机会，却遭受排挤，心情极度烦闷。因为理想不能实现，只能常常借饮酒来发泄胸中的郁积。人生快事莫若与朋友畅饮畅谈，所以他将满腔不平之气借酒兴抒发了出来。

师：对。通过品读，我们看到了一个苦闷愤激、寂寞忧愁的李白；一个乐观自信、积极用世的李白。在诗歌中，他的欢乐与忧愁同在，希望与失望并存，鄙视权贵与猎取功名兼备，这是一个矛盾的李白，也是一个真性情的李白。

诗歌中，他的情感是变化的：悲伤—人生得意的欢乐—怀才不遇的愤激—傲岸不羁的狂放—忧愁。诗歌大起大落，诗情忽喜忽悲，气象万千。

学习活动三：演读悟其神

师：为了把李白这些复杂的情感更好地演绎出来，我想请一位同学来跟老师一起演读。

（师生合作演读）

（师）君不见黄河之水天上来，（生）奔流到海不复回。（师）君不见高堂明镜悲白发，（生）朝如青丝暮成雪。（合）人生得意须尽欢，莫使金樽空对月。天生我材必有用，千金散尽还复来。（生）烹羊宰牛且为乐，（师）会须一饮三百杯。

（生）岑夫子，（师）丹丘生，（生）将进酒，（师）杯莫停。（生）与君歌一曲，请君为我倾耳听。（师）钟鼓馔玉不足贵，但愿长醉不愿醒。（生）古来圣贤皆寂寞，惟有饮者留其名。（师）陈王昔时宴平乐，斗酒十千恣欢谑。（生）主人何为言少钱，径须沽取对君酌。（师）五花马、（生）千金裘，（合）呼儿将出换美酒，与尔同销万古愁。

（师）五花马、（生）千金裘，（合）呼儿将出换美酒，与尔同销万古愁（后三字重读、缓读）。

拓展总结

师：演读法是一种高层次的朗诵法，通过演读，可以把诗歌的感情饱满地表达出来。下面请同学们用这种方法来尝试演读李白的另外一首诗歌《行路难（其一）》。

生15：（演读）

金樽清酒斗十千，玉盘珍羞直万钱。停杯投箸不能食，拔剑四顾心茫然。欲渡黄河冰塞川，将登太行雪满山。闲来垂钓碧溪上，忽复乘舟梦日边。行路难，行路难，多歧路，今安在？长风破浪会有时，直挂云帆济沧海。

师：别人的诗是用笔一字一句写出来的，而李白的诗是用酒一行一行张口喷出来的。可以说，诗与酒成就了文学上的李白。无论自己多么高兴，如何彷徨，怎么失意，他始终坦荡。他用酒表现自己的才情，抒发自己的愤懑，展现自己的乐观，化不幸为傲骨，化忧愤为豪放，真正表现了诗仙之才情、酒仙之豁达！

带着这种感情，齐背诗歌。

教学反思

这堂课比较出彩的地方是师生的合作演读。师生配合全身心投入的演读，获得了同学们的阵阵掌声。

设计这堂课的主导思想是：以读入情，以情导读，在朗诵中领悟诗人情感，在领悟情感的基础上再诵读。在整堂课中，老师没有过多地介绍李白，也没有完全停留在诗句解析上，而是以朗读为切入点，运用安排学生自读、个别朗读、师生合作演读等方式来引领学生体验诗歌中的情感变化，感受李白诗歌的艺术特色。

可以感受到的是，在教学过程中，不管是诵读环节还是讨论环节，学生的热情都是空前高涨的，美妙的声音点燃了学生们的激情，古典诗歌的绝美韵律把他们带入了真实的诗歌情境中。几遍诵读下来，学生就基本上能够把握住诗歌的情感，能够读出一些"味道"来了。

师生合作演读的环节，更是把课堂气氛推到了高潮，但教学还是不免陷入了"预设"的束缚中。备课时我非常注重教学预设，而预设的过程有太多的"想当然"，对学生的预习和课堂生成考虑不周，没有根据课堂的实际状况适时调整教学，被自己的预设牵着鼻子走。譬如，选学生朗读时，尽管学生因为没有完全放开而影响了朗读效果，但总的来说还是可以的。这时，就不应该纠结于学生的朗读而将课堂引向自己的预设。教学预设应当给自己和学生留出更多的生成空间。教学中，教师应当主导课堂，但不可"包办"课堂。课堂是教师的，更是学生的！束缚于教学预设的课堂，不可能灵动。

《百合花》《哦，香雪》课堂实录（第四课时）

导入

师：我们的教材将《百合花》和《哦，香雪》编为一课，除了两篇小说都表现了"青春的价值"的主题外，还有没有其他方面的共同点？我们这节课就来探究一下。

学习活动一：认识诗化小说及其特点

师：读过沈从文的小说《边城》的请举手。

师：好，有将近三分之一的同学读过。下面请一位同学来简单介绍一下《边城》的故事。

生1：在湘西小镇上生活着翠翠和爷爷。在一次端午节上，翠翠邂逅了二佬，并从此爱上了他。在下一年，二佬的哥哥大佬也爱上了翠翠。两兄弟决定向翠翠表白，大佬选择向翠翠提亲，二佬按照当地的习俗，给翠翠唱了一夜的山歌。翠翠喜欢的是二佬。大佬知道自己比不过弟弟，于是出走，因意外客死他乡。二佬受到哥哥死亡消息的影响，同时又受到团总家小姐的青睐，团总想以碾坊做陪嫁把小姐嫁给他，他不知该如何抉择，于是在与父亲吵了一架后出走了。翠翠的爷爷最终也去世了，只剩翠翠自己等着二佬……

师：很好。读过孙犁的小说《荷花淀》的请举手。

师：全体举手了，哦，原来这篇小说是教材中有的。下面还是请一位同学来向大家简单介绍一下《荷花淀》的故事。

生2：抗日战争期间，河北省中部白洋淀地区一个农村里有7个青年要去参军，在县委报了名。他们怕家里人拖后腿，就公推了一个名叫水生的游击组长回去跟他们的家里说明白。水生连夜赶回家，辞别了自己的妻子，又到别人的家里做些思想工作，第二天就走了。过了两天，这些青年妇女就想去看看参了军的丈夫。她们偷偷地坐在一只小船上，准备去往马庄，谁知道部队刚巧在前一天晚上开走了，她们只好回家去。可是在回家的路上，碰到一条日本鬼子的运输船。她们拼命逃，把小船划进了荷花淀里，可鬼子穷追不舍。幸亏我军有一支部队埋伏在荷花淀里，在危险关头救了她们的性命，而巧的是，她们新参军的丈夫，便是这支部队里的战士。战士们完成了伏击任务，又和爱人见了面，就兴高采烈地带着战利品转移到别的地方去了。妇女们在荷花淀伏击战中受到了锻炼，后来成立了自己的队伍，很快就学会了射击，参加了反"围剿"战斗。

师：这两篇小说的共同特点是什么？

生3：语言清新质朴，具有诗情画意。

生4：淡化情节，切口较小。

生5：在平铺直叙中饱含诗情。

生6：都反映了地方生活。

师：小结一下，这种富有浓郁的诗情画意，散发出特有的乡土气息的小说，我们就把它称为诗化小说。

师：诗化小说往往注重景物与风俗描写，善于运用诗化的语言，淡化情节，淡化冲突。这种小说的具体特点是什么，我们还是以刚才的两篇小说的某个片段为例，来感受一下。我们先请两位同学来有感情地朗诵下面的两个片段。

生7：（朗诵）

由四川过湖南去，靠东有一条官路……够了。谁要这个！

生8：（朗诵）

月亮升起来，院子里凉爽得很……但是大门还没有关，丈夫还没有回来。

师：请大家各抒己见，谈谈从这两个片段里，你感受到了这种小说的什么特点。

生9：听了这两个片段的朗读，我觉得它们都好像不是小说，倒像是散文一样。

生10：我觉得这就是诗化小说的语言特点之一，即小说语言的散文化。

生11：《荷花淀》开篇的景物描写富有诗情画意。月色皎洁，洁白的苇席遍地，银白的淀水，薄雾，清风，荷花飘香，展示了荷花淀的地域风貌，营造出一种恬静的、充满诗情画意的艺术境界。

生12：《边城》也一样。景物描写再现了边城的幽美、宁静、富有诗情画意、远离世俗的特点。从这里，我们看到了边城清丽明净的自然美。小说具有诗情画意。

生13：因为这两篇小说我都读过，我觉得两篇诗化小说都表现了人性美、人情美。《荷花淀》里水生嫂具有体贴、温柔、机敏、识大局、明大义的特点。她勤劳纯朴、勇敢坚贞、爱家爱国，这不仅是水生嫂的品性，也是当时千千万万战地农村妇女的品性，她们像荷花淀里的荷花一般，有着纯真的性情，闪耀着纯美的人性光辉。《边城》表现了优美健康的人性，这里的人性是健康、自然、毫不矫情的。在这里，人们没有尊卑的观念，众生平等，大家和睦相处、融洽生活。这里是充满着人性美的世界。

生14：两篇小说在所表现的主题上也有共同特点，即以小见大。《荷花淀》所描写的一切是那么清新、明朗、美丽，充满诗情画意，通过人们对家乡的爱、对生活的爱，着重表现了根据地人民的革命乐观主义精神，从而歌颂了他们的爱国主义和革命英雄主义思想。《边城》展现了一幅幅宁静淳朴的田园诗般的湘西风情画，寄寓了沈从文"美"与"爱"的美学理想和人生理想。

师：两篇小说有没有象征或者隐喻？

生15：有。边城，不仅仅是一座小城——茶峒，而是中国传统社会、农业社会的代表，其带有一种文化烙印，象征着中国传统文化。边城的主要意象"水"，既是边城人民赖以生存的物质基础，是带给人生机、生命、快乐的源泉，同时也是调和生命的象征。《荷花淀》中那一片充满生机、充满活力的自然的荷花淀，象征着人的美好追求、美好愿望。

师：同学们谈得非常好。根据大家刚才的发言，我们来归纳一下诗化小说的特点。

第一，运用散文化的语言，有意淡化情节。

第二，通过景物描写，营造诗情画意的故事氛围。

第三，着力表现人性之美、人情之美。

第四，以小见大，表现主题。

第五，常常使用象征和隐喻手法。

学习活动二：探究两篇小说的诗化表现

师：了解了诗化小说及其特点，下面我们就进行小组合作探究，分析诗化小说的特点在《百合花》和《哦，香雪》两篇小说中的表现。

首先分组：第一、二、三、四组的同学探究《百合花》，第五、六、七、八组的同学探究《哦，香雪》。

要求：在形成共同意见的基础上，小组派一名同学上台展示；上台的小组展示完毕后其他小组进行补充。

时间5分钟。

（各小组讨论交流）

师：我们还是按照抽签方式决定哪个小组先上台展示。

生16：大家好！

我们这一组通过集体讨论，认为《百合花》体现出的诗化小说的基本特点有：

小说撷取的是革命战争时期人民斗争生活中的一朵小小浪花，但刻画了有着百合花一样纯洁美好心灵的小通讯员和新媳妇的形象，表现出了纯洁深厚的军民之情和战友之情，体现出了高尚的人情美和人性美。

小说通过对新媳妇一系列的动作和细节描写，不仅写出了她对通讯员友善、关切、崇敬、痛惜、悼念、歉疚的态度变化，更展示了新媳妇娴静、纯朴、善良、高洁如百合花一样的人情美和性格美。所以，百合花，正是人物纯真、高洁的优美心灵和品格的象征。百合花也喻指纯洁高尚的军民之情，即小通讯员和新媳妇他们都有百合花一样纯洁美好的心灵，军民之间的感情也像百合花一样纯洁美好，战士和战士之间的情感也像百合花一样纯洁美好。总之，百合花象征着人情美、性格美。

师：其他组有补充吗？

生17：小说也通过景物描写，营造出了诗情画意的故事氛围。

比如："我朝他宽宽的两肩望了一下，立即在我眼前出现了一片绿雾似的竹海，海中间，一条窄窄的石级山道，盘旋而上。一个肩膀宽宽的小伙儿，肩上垫了一块老蓝布，扛了几枝青竹，竹梢长长的拖在他后面，刮打得石级哗哗作响……这是我多么熟悉的故乡生活啊！"通过"我"想象通讯员在家乡天目山拖毛竹的情景，表达了"我"的思乡之情，用语简洁，却充满了诗情画意。

生18：小说的故事发生在解放战争时期，但作者并没有着重描写战争的残酷与激烈，只是撷取斗争生活中的小浪花，表现的是纯洁深厚的军民之情和战友之情，以小见大。

生19：这是一篇战争题材的小说，但不以情节跌宕起伏取胜，小说借被子—献被子—盖被子的情节比较简单，读来令人感觉轻快，有散文的韵味。

师：第一、二、三、四组的同学表现得非常棒，下面是第五、六、七、八组的同学大显身手的时候了。

生20：大家好！

我们这一组通过集体讨论，认为《哦，香雪》体现出的诗化小说的基本特点有：

隐喻和象征手法的运用。铅笔盒、火车、大山分别是文化和知识、现代文明、封闭传统的象征。对于香雪来说，铅笔盒不仅是一个实物，更象征着知识与文明。香雪对铅笔盒的执着同样也表现了她的追求和理想。

以小见大。故事发生在改革开放初期，具有宏大的时代背景，但小说不以情节取胜，而只是落笔于一个小小的山村。小说以小山村台儿沟为背景，通过对香雪等一群乡村少女的心理活动的生动描摹，叙写了每天只停留一分钟的火车给一向宁静的山村生活带来的波澜，表达了姑娘们对山外文明的向往，对改变山村封闭落后、摆脱贫穷的迫切心情，同时表现了山里姑娘的自爱自尊和她们纯美的心灵。小说更深刻的意义在于借台儿沟的一角，写出了改革开放后中国从历史的阴影下走出，摆脱封闭、愚昧和落后，走向开放、文明与进步的痛苦与喜悦。

师：其他组有补充吗？

生21：小说中钢筋铁骨的巨龙——火车，"车头那么雄壮地喷吐着白雾，仿佛一口气就能把台儿沟吸进肚里"，震醒了沉睡千年的台儿沟和它的山民们。火车来自外面的世界，带来外面的消息，也带来了商业的萌芽，还赋予了香雪美好的心愿。它比铅笔盒具有更大的神力，象征着一种不可抗拒的生产力，一种由原始落后走向现代文明的推动力，一种物质享用和精神满足的诱惑力。

生22：抒情意味浓厚，具有纯净的诗情与隽永的意境。小说把农村女孩的善良之心和温暖情怀化作一种抒情诗般的意境，情景交融，如诗如画，意境优美，韵味悠长。

生23：小说的景物描写富有特色。如"小溪的歌唱高昂起来了，它欢腾着向前奔跑，撞击着水中的石块，不时溅起一朵小小的浪花。"衬托出了香雪此时兴奋的心情，在克服了对黑暗的恐惧之后，她对前面的路充满了自信。我们可以从中感受到香雪的人性美，从自卑、封闭、落后走向自信、开放、进步。

生24：小说也表现了人性之美。我们可以看到纯朴、自尊的香雪；勇敢、执着的香雪；积极上进，有着远大梦想的香雪。

生25：在"一分钟"里，香雪和其他姑娘的兴趣点是不同的，其他姑娘的兴趣点在发卡、纱巾或尼龙袜上，香雪的兴趣点则在皮书包、铅笔盒上。香雪这个角色不仅表现了人民对文明、对知识的渴求，更表现了人民对进步、对开放的追求。一位初中生因对知识的渴求而贻误下车的时机，人物角色生动饱满，极具人性美。

总结

从我们今天的讨论和探究中可以看出，诗化小说，是一种追求诗美效果的小说，是小说和诗融合、渗透后出现的一种边缘体裁。诗化小说有着普通的人物、平淡的情节、纯朴的人性、细腻的情感、空灵的意境、抒情的语言、诗化的象征等。请同学们课外再找一些诗化小说读读，如汪曾祺的《受戒》《大淖记事》，孙犁的《芦花荡》，史铁生的《奶奶的星星》等，进一步体会这种小说的独特魅力。

教学反思

本课为群文教学，我一共设计了四个课时：第一课时，在预习的基础上认识字词，梳理情节；第二课时，分析人物形象；第三课时，探讨刻画人物的手法以及作品的主题；第四课时，诗化小说专题探究。

新教材特别注重群文教学，如何更好地开展群文教学，老师们都在摸索，其中"专题教学"就是一种比较实用的教学方式。专题教学的方式之一是分析群文的共同点，确定一个共同的研讨主题，然后设计学习任务，整合相关资源，通过学生的自主探究或者合作探究，获得学习成果。本节课就是基于这一想法而设计的。

课堂上学生的表现可圈可点，在解读诗化小说的过程中，不少同学能够质疑问难、自主探究，甚至能提出比较有新意的解读，可见其思维十分活跃。

"专题教学"对于大多数语文老师来说还是新鲜事物，是一条不知深浅的河流，我们需要"摸着石头过河"，需要思考并解决很多方面的问题。比如是不是只有群文教学可以采用专题教学？单篇教学或者语文综合学习活动可以采用专题教学的方式吗？一组文章设置多少个专题为好？设计学习专题的基本原则是什么？专题设置与单元学习任务的关系是怎样的？设置专题可以跨越单元学习任务吗？

"探究小说自然环境描写的作用"课堂实录

导入

师：我们先来欣赏一首歌曲。

（播放《认真的雪》演唱视频）

师：这段MV主要讲述了一个什么故事？表现了男主人公怎样的心理？

生1：男女主人公分手后，男主人公痛苦孤寂。

师："已经十几年没下雪的上海突然飘雪，就在你说了分手的瞬间。雪下得那么深，下得那么认真，倒映出我躺在雪中的伤痕。"这段环境描写带给你怎样的感受？

生2：我似乎感受到纷飞的大雪中只有他一个人默默伫立。环境使原有的痛苦孤寂显得更有深度、更有力度了。

师：由此可见，把人物放在特定的环境中描写有锦上添花之妙。这节课，我们就从小说最基本的要素——环境入手，共同探讨小说中自然环境描写的作用。

学习活动一：自主探究寻支架

师：首先请同学们回顾，小说的环境描写包括哪几种，它们分别是指什么。

生3：环境描写包括社会环境描写和自然环境描写。

社会环境是指能反映社会或时代特征的建筑、场所、陈设等景物以及民俗民风等。

自然环境是指自然界的景物，如季节变化、风霜雨雪、山川湖海、森林原野等。

师：回答得非常到位。小说的自然环境描写到底有什么作用？请同学们回顾下面已经学过的小说文段，思考其中的环境描写的作用。

我们先来看《祝福》第一段，请一个女同学来给大家读一遍，然后大家思考这段环境描写的作用。

生4：（读）

旧历的年底毕竟最像年底，村镇上不必说，就在天空中也显出将到新年的气象来。灰白色的沉重的晚云中间时时发出闪光，接着一声钝响，是送灶的爆竹；近处燃放的可就更强烈了，震耳的大音还没有息，空气里已经散满了幽微的火药香。我是正在这一夜回到我的故乡鲁镇的。

生5：旧时习俗把农历十二月二十三（或二十四）定为灶神升天的日子，在这天祭送灶神，叫送灶。开头交代了当时的社会环境——整个鲁镇弥漫着浓厚的封建气氛。

还有，开头段落的自然环境"灰白色的沉重的晚云"以及"钝响""幽微"等描写，给文章增添了一层压抑沉闷的色彩，为祥林嫂的悲剧命运做了铺垫，暗示了祥林嫂悲惨的命运。

所以，我觉得这一段的自然环境描写暗示了社会环境，为下文做了铺垫。

师：是的，这里的环境描写的主要作用是通过自然环境的描写暗示社会环境。

师：再来看第二段文字，《故乡》的开头。请一个男同学来给大家读一遍，然后大家思考这段环境描写的作用。

生6：（读）

我冒了严寒，回到相隔二千余里，别了二十余年的故乡去。时候既然是深冬；渐近故乡时，天气又阴晦了，冷风吹进船舱中，呜呜的响，从篷隙向外一望，苍黄的天底下，远近横着几个萧索的荒村，没有一些活气。我的心禁不住悲凉起来了。

阿！这不是我二十年来时时记得的故乡？

生7：作者的描写很精彩。

这里的自然环境：严寒，深冬，冷风，苍黄，萧索，没有一些活气。作者通过对故乡阴冷天气和萧条景象的描写，交代了故事发生的时间，渲染了气氛，烘托了自身悲凉的心情，为下文目睹故乡人的变化，心生悲哀做了铺垫。

师：回答的关键词是渲染气氛。

再来看第三段文字，沈从文《边城》中间的一段。请全班女同学齐读一遍，然后思考这段环境描写的作用。

（女生齐读）

天已快夜，别的雀子似乎都要休息了，只杜鹃叫个不息。石头泥土为白日晒了一整天，草木为白日晒了一整天，到这时节皆放散一种热气。空气中有泥土气味，有草木气味，且有甲虫类气味。翠翠看着天上的红云，听着渡口飘乡生意人的杂乱声音，心中有些儿薄薄的凄凉。

生8：环境是为人物活动提供场所和背景的，故而自然环境的描写，往往是为塑造人物形象、烘托人物心理等服务的。这段文字从声音、气味、色彩等方面生动细腻地描绘了湘西乡村宁静古朴的黄昏景象，此时的翠翠情窦初开又无所适从，内心孤独而惆怅。简而言之，对环境的描写不过是为了从另一种角度刻画人物。

师：回答得太好了。

请全班男同学齐读一遍《林教头风雪山神庙》中三处有关风雪的描写，然后思考它的作用。

（男生齐读）

正是严冬天气，彤云密布，朔风渐起，却早纷纷扬扬卷下一天大雪来。

雪地里踏着碎琼乱玉，迤逦背着北风而行。那雪正下得紧。

看那雪，到晚越下得紧了。

师：这三处描写分别是在什么背景下出现的？

生9：林冲怀着复杂的心情来到草料场，这时天空却起了变化，风雪初起；林冲觉得身上寒冷，去沽酒御寒的路上，作者再次描写了风雪，雪势正大；林冲喝了一顿闷酒仍旧迎着北风回来，雪更大了。

师：它们的主要作用是什么？

生10：这些风雪描写，交代了自然环境，点明了时间、季节和环境特点，再现了当时的天气情景——风大雪紧。

同时，这些环境描写也推动了故事情节的发展：正因为风大雪紧，林冲才要喝酒御寒，才会在沽酒途中见到山神庙；正因为风大雪紧，草厅才被摇撼、压倒，林冲才被迫到山神庙安身；正因为风大雪紧，林冲进了山神庙，才用巨石顶住大门；也正因为风大雪紧，陆谦一伙才会到附近的山神庙暂避风雪，林冲才得以隔着门洞悉奸人的阴谋。这样终于使林冲完成了由安分守己到奋起反抗的转变。

师：自然环境描写的又一个作用出来了——推动情节发展。

最后来看《祝福》最后一段中的环境描写。全班齐读，然后分析作用。

（全班齐读）

我给那些因为在近旁而极响的爆竹声惊醒，看见豆一般大的黄色的灯火光，接着又听得毕毕剥剥的鞭炮，是四叔家正在"祝福"了；知道已是五更将近时候。我在蒙胧中，又隐约听到远处的爆竹声联绵不断，似乎合成一天音响的浓云，夹着团团飞舞的雪花，拥抱了全市镇。我在这繁响的拥抱中，也懒散而且舒适，从白天以至初夜的疑虑，全给祝福的空气一扫而空了，只觉得天地圣众歆享了牲醴和香烟，都醉醺醺的在空中蹒跚，豫备给鲁镇的人们以无限的幸福。

师：结尾段落，通过"我"的感受描写了祝福景象。什么感受呢？这样描写的作用是什么？

生11：这两个问题是联系在一起的。

"我"的感受：给极响的爆竹声惊醒；听得毕毕剥剥的

鞭炮；隐约听到远处的爆竹声联绵不断。这样就把有钱人家的祝福和祥林嫂的惨死作了一个鲜明的对比：一边是鲁四老爷隆重地为自己来年的好运祝福，另一边是祥林嫂在寒冬腊月、大雪纷飞的祝福声中悲惨地死去。这样一种反差强烈的对比，增强了祥林嫂命运的悲剧性，深化了小说的主题。

师：分析精准，深化小说主题。

师：小说自然环境的描写主要有哪几个方面的作用。大家回顾一下，然后大声地读出来。

（学生读）暗示社会环境，渲染气氛，烘托人物形象，推动情节发展，深化小说主题。

师：补充一下，环境描写出现在不同的位置，其作用往往有很多相通之处。

出现在开头：交代故事发生的时间、地点；交代或暗示社会环境；渲染气氛；为下文的情节做铺垫。

出现在中间：渲染气氛；为下文做铺垫，推动情节的发展；烘托人物性格心理。

出现在结尾：照应开头；渲染气氛；深化主题。

学习活动二：练习运用求提升

师：下面我们来运用刚才的知识进行一个练习。请女同学阅读《第9车厢》，男同学阅读《严冬海猎》，分析文章中景物描写的作用。

（学生边读边思考）

师：时间差不多了，哪些同学来谈一下自己的看法。首先有请女同学组发言。

生12：“光秃秃”的大草原和“冷冷”的月光渲染了凄清、空旷、荒芜的氛围，烘托了人物的孤独。

生13：烘托人物的孤独说法不太准确，我觉得是烘托出了人物的孤独无助感。

生14：以月之“圆”凸显人物心情、事情结局之“残”，与结尾点明的已成泡影的旅游形成了对照。

师：概括一下，这个题目怎样答题，把答案整理好。

师：女同学组表现很棒，该男同学组表现了。男同学先把选段齐读一遍。

生：（齐读）

生15：这里的环境描写交代了故事发生的地点和时间。海面、海肚天，交代了故事发生的地点是海边。夕阳、暮霭，交代了时间。

牛16：渲染冷寒萧瑟的气氛，为故事的展开做铺垫。硕大的冰块、寒光、漫着雾气的严寒海面、寒流、冷冷清清的海湾，无不渲染了一种冷寂的气氛，为下文描写海龙深夜下海捕鱼的艰苦做铺垫。

生17：结尾照应开头，深化了小说的主题。结尾以守着摇篮的母亲比喻宁静的大海，衬托出了少年完成海猎之后回归家庭的宁静快乐，同时也衬托出了少年的坚强、懂事、富有责任感，体现了家庭成员之间的浓浓亲情。

师：概括一下，这个题目怎样答题，把答案整理好。

总结

师：请用一句话概括，这节课"我"学到了什么？

生18：我这节课的最大收获是学会了分析自然环境描写的作用。

生19：我对文章的自然环境描写有了更加深刻的认识。

生20：我尝试独立思考解决问题并且迈出了可喜的一步。

生21：老师，我还有个问题，考试时，如果考环境描写的作用，我们是不是从今天说的要点中选择一两个方面来分析就可以了？

师：这个得具体问题具体分析，如果题目比较简单，选择其中一两个方面分析是可以的。但现在语文考试命题的特点是情境化和反套路化，我们必须在解决问题的过程中运用学科知识，体现核心素养。所以，掌握这些知识是基础，是前提，我们还得活学活用。

师：小说这种文学形式可以让人了解别人、了解社会，让人在这个过程中认识真善美、假恶丑，同时引发思考。我的一生应该怎么过？这也是一个古老而严肃的问题。文学是时间的艺术，又是空间的艺术。一花一草皆生命，一枝一叶总关情，小说中的环境描写，对理解作品的思想内容起着至关重要的作用。希望同学们能准确把握这一点，提高自己的鉴赏水平。

教学反思

我曾在"国培计划沅陵县高中语文骨干教师培训班"上过一堂复习研讨课，主题是"小说自然环境描写的作用"。但那节课上得比较平淡，连自己都觉得课堂不够灵动。于是，在之后上研讨课时，为了让研习任务落到实处，体现课堂的高效性和灵动性，我尝试加以改进：构建学习支架，定点突破。

语文教学的弊端之一是一节课提出的学习任务太多，学生不能完全接受、消化、吸收。与其这样，倒不如一节课只重点解决一个问题，伤其十指不如断其一指。如何更好地解决一个重点问题，学习支架原理给我们提供了启示：给学生搭建支架，把学习的任务由教师转移给学生自己，使学生掌握这种技能，更多地进行学习方面的自我调节。所以本节课我重点引导学生探究自然环境描写的作用，并提供解决这一问题的方法和途径。学生先前对自然环境描写的作用虽然有一些感性认识，但要他们一一说出来，没有几个同学能说清楚。当他们通过自己的探究获得认知后，他们就突然发现：哦，原来如此简单！

当然，学生的探究与教师创设学习情境也有很大关系，课堂上组织学生欣赏歌曲《认真的雪》就是为他们开展学习任务做铺垫的。但课堂仍然存在很多不足，比如有些自然环境的描写的作用不止一个方面，教师没有及时加以点拨；就语文命题反套路的特点而言，老师应该多做一些阐述等。

"写景抒情诗复习"课堂实录（节选）

导入

师：前面我们对我国古代诗歌进行了分类。请大家回忆一下，从题材上看，我国古代诗歌可以分为哪几个类别。

生1：从题材上看，我国古代诗歌包括思乡怀人诗、写景抒情诗、咏物抒怀诗、忧国伤时诗、咏史怀古诗、赠友送别诗、羁旅行役诗、山水田园诗、边塞征战诗等。

生2：还有身世感怀诗、谈禅说理诗、悼亡游仙诗、宫怨闺怨诗、题画诗、哲理诗等。

师：非常全面。下面我们选择其中的一个小类别进行分析，探究我国古代诗歌的某些奥妙，我们今天要选择的是写景抒情诗。

学习活动一：合作探究

师：我们还是采用小组合作探究的形式。全班同学分为六个小组，每组探究一首诗歌。

要求：

第一，第一组探究高适的《塞上听吹笛》，第二组探究辛弃疾的《西江月》，第三组探究温庭筠的《商山早行》，第四组探究柳宗元的《江雪》，第五组探究辛弃疾的《鹧鸪天》，第六组探究王昌龄的《从军行》。

第二，主要探究诗歌的写景手法和抒情方式。

第三，在形成共同意见的基础上，小组成员集体上台展示。展示要求：首先集体朗诵诗歌（或者合作演读），然后派代表进行分析阐述，其他小组的同学提出疑问，展示的小组答疑。

第四，时间5分钟。

（小组合作探究）

学习活动二：成果展示

师：时间到。下面上台展示你们的探究成果。我们抽签确定小组上台展示的顺序。

（抽签后上台展示）

生：（齐读）

西江月·夜行黄沙道中

辛弃疾

明月别枝惊鹊，清风半夜鸣蝉。稻花香里说丰年，听取蛙声一片。

七八个星天外，两三点雨山前。旧时茅店社林边，路转溪桥忽见。

小组成员1：这首词是辛弃疾被贬官闲居江西时的作品。全词描写黄沙岭夜里明月清风、疏星稀雨、鹊惊蝉鸣、稻花飘香、蛙声一片的情景。作者写景时从视觉、听觉和嗅觉三方面入手，写出了夏夜的山村风光。其中"明月别枝惊鹊，清风半夜鸣蝉"是听到的，"稻花香里说丰年，听取蛙声一片"既有嗅觉也有听觉，"七八个星天外，两三点雨山前"是看到的，"旧时茅店社林边，路转溪桥忽见"也是看到的。

小组成员2：全词在抒情上采用的是借景抒情、情景交融的手法。从表面上看，这首词的题材内容不过是一些极其平凡的景物，语言没有任何雕饰，没有用一个典故，看似平淡无奇。然而，正是在这种平淡之中，却蕴含着诗人淳厚的感情，表达了诗人对丰收之年的喜悦和对农村生活的热爱。

师：同学们有什么问题吗？

生3：请问到底是借景抒情还是情景交融？

小组成员3：我记得以前的老师告诉过我，借景抒情、寓情于景、情景交融三种方式是相通的。

师：把三种同时答出来有点投机取巧。其实这三种抒情方式严格来说还是有一定区别的。

借景抒情：情在景先，将人物主观感情附着在景物上进行抒情；作者的情感没有外露，隐含在景物中。

寓情于景：在景物的描写中寄托情感；景物明显带有浓郁的情感色彩。

情景交融：强调环境描写、气氛渲染与人物情感的紧密结合。

我们以后碰到具体题目再详细比较。

下面是下一组展示。

（其他几组的展示略）

学习活动三：总结应用

师：从刚才各组的展示中，请同学们归纳一下写景抒情诗的写景方法和抒情方法。

生4：写景抒情诗的写景方法主要有点面结合、动静结合、远近结合、虚实结合。

生5：还有白描、渲染手法，运用比喻、拟人、夸张手法写景，正面描写和侧面描写相结合，通过对视觉、听觉、嗅觉的描写来写景等。

师：很好，那抒情方法呢？

生6：写景抒情诗的抒情方法主要有直接抒情与间接抒情，可以细分为借景抒情、融情于景、情景交融，托物言志等。

生7：还有借用典故抒情的。

生8：还有用乐景衬哀情或用哀景衬乐情的。

师：同学们归纳得太好了。请同学们选择自己学过的或熟悉的几首诗歌，指出它们各自采用了哪种写景方法或抒情方法。

生9：我记忆比较深刻的是明朝沈文系所写的一首《咏江南十景（其一）》，原文为"金城福地接云根，七十一峰朝至尊。欲借崀山岩上笋，夜飞凫鸟到天门。"①这首诗运用拟人手法写景，借用典故抒情。

师：你怎么突然想到沈文系的这首诗歌了呢？

生10：我今天早晨在读我们的《乡土崀山》时读到的。

师：嗯，沈文系写诗时我们这里就很美丽，现在我们这里更是成了国家5A级旅游景区，更值得歌颂了。还有吗？

① 参考《新宁县志》收录版本。

生11：我对学者陈贻焮比较欣赏，他不仅是北京大学中国语言文学系教授、中国古代文学博士生导师、中国作家协会会员，而且他还是我们新宁人。

他早期写的《雪》很有意境："窗外白漫漫，江山一片寒。鸦栖枯树静，犬奔玉坡残。蟠石松尤劲，拂云竹不单。落梅红满院，纨素洒朱丹。"①这首诗歌运用点面结合和拟人手法写景，运用借景抒情、融情于景、情景交融的方法抒情。

（一片掌声）

师：同学们对家乡情有独钟，我也将掌声送给你们。那么，我们今天的作业是，搜集整理描写我们家乡的诗词，并进行简单的点评，然后做成精美的小书签，大家交互使用，把热爱家乡的情感进一步落到实处。

教学反思

这是我执教的一堂高三语文复习研讨课，复习的内容是写景抒情诗的写景方法和抒情方法。我在让学生分组探究了一些有名诗歌并归纳它们的写景方法和抒情方法后，本想让学生从学过的诗歌中再举一些例子来巩固课堂知识，谁知学

① 参考《新宁县志》收录版本。

生并没有按照我的想法来做，而是另辟了一片天地。但课堂异常活跃，教学效果很不错，听课的领导和老师也纷纷表示了肯定。

本土文化是本民族历史发展过程中创造的物质财富和精神财富的总和，施行本土文化教育是传承民族传统文化的重要途径。各地区都蕴藏着自然、社会、文化等多种语文课程资源，要有强烈的资源意识，去努力开发、积极利用。这就意味着在普通中小学的语文教学中要有将地方民俗文化、地域文化引入语文课堂的"大语文"理念，要有将学生引向自然、引向社会、引向生活的具体举措并能为此付诸行动。注重本土文化的培植和熏陶，能激发学生对家乡本土人文的热爱之情，使学生热爱大自然、热爱自己的家乡、热爱历史和艺术、热爱先进思想和科学精神，从而热爱承载知识的文字和语言。我们的语文教学为什么不能灵活地将本土文化的教育融入其中呢？

"面对焦虑"辩论赛课堂实录（节选）

（参考鱼缸式讨论法布置赛场：学生分为内圈、外圈两大部分；内圈九个座位围成一个小圆圈，辩论双方各四个座位，主持人一个座位；其余参与的同学坐外圈，外圈的座位也围成一个大圆圈；教师只参与旁听。）

主席：老师好，各位选手好，同学们好。我们今天在这里举行一次辩论赛。

我们辩论的主题是：当代年轻人面对焦虑，应该逼自己一把还是放自己一马。

现在坐在我右边的是正方代表，左边的是反方代表，两方代表将就主题进行辩论。坐在外围的是今天的大众评委，他们将就今天两方的表现进行现场表决，评出我们今天的最佳辩论队和最佳辩手。

下面辩论开始。首先我们欢迎正方一辩阐述观点，时间

3分钟。

正方一辩：谢谢主席，问候在场各位。

开宗明义，定义先行。"焦虑"本身就是人类的一种正常情感反应，与焦虑障碍不同，适度的焦虑不会对正常生活造成消极影响。"逼自己一把"是指面对焦虑时抱有积极进取的态度，努力向自己的目标靠近。"逼"不同于"强迫"，不是让自己怀着抗拒的情绪去做事，而是让自己在处于懈怠的时候督促自己尽快调整到更好的状态。

首先，适度焦虑有利于进步。适度即适合要求的程度，这种焦虑不会让人产生过激情绪甚至是疾病。适度的焦虑可以激发个体能量，从而督促个体更好地完成自己的使命。正是适度的道德焦虑，使得绝大多数人都懂得自我约束。而放自己一马则会导致问题的搁置，问题得不到及时解决，甚至可能会比当初还要严重；当再次面对问题时，岂不是更加焦虑？如果每次碰到焦虑都选择放自己一马，长此以往，人会形成一种惰性，让自己龟缩在自己的舒适圈里。随着外部环境的不断变化，舒适圈的外延会不断被侵蚀、不断变小，这显然不利于年轻人身心的健康发展。

其次，行动是消除焦虑的最好办法。年轻人作为当今社会最鲜活的力量，应该直面困难，尽力解决困难。调查显示，有93.1%的年轻人希望"好好学习，实现自己的抱负"，他们有想法，敢去做，相信未来有无限可能。例如2020年抗击疫情期间，援鄂医护人员中就有三分之一是90后，正是他们的负重前行，才换来了我们的岁月静好。

综上所述，当代年轻人面对焦虑，应该逼自己一把。谢谢。

主席：方才正方一辩对本方的观点进行了陈述，现在我们来看看反方是如何破题立论的，有请反方一辩发言，时间也是3分钟。

反方一辩：开宗明义，我方观点是当代年轻人面对焦虑，应该放自己一马。"逼自己一把"是尽自己最大的努力，完成一件自己认为不太可能完成的事；"放自己一马"不是躺平，不是放弃，而是一步一个脚印地追求自己想要的东西。

首先，放自己一马有益于年轻人的身心健康发展，有利于更好地去追求我们的目标。调查显示：全国每年约有25万人死于自杀，200万人自杀未遂。自杀已经成了中国人的第五大死因，也是15岁到34岁青壮年人群的首要死因。这项联合调查还显示，在中国，抑郁障碍是导致自杀的首要原因。而抑郁的主要原因便是过度的焦虑。"逼自己一把"很有可能无法达到预期的效果，反而会使焦虑的程度加深，进一步引发抑郁。由此观之，"逼自己一把"不利于当代年轻人身心健康发展。

其次，放自己一马，可以调整自己的方向，更好地向目标前进。近日，某报刊社会调查中心对两千余人进行了调查，结果显示，93.3%的受访者感觉当下青年有急于求成的心理。在这样一个浮躁的大环境下，放自己一马，放慢脚步，让自己有节奏地思考自己的方向是否正确，然后寻找一个真正适合自己的方向再继续前进，更有利于高效率地达成目标。

综上所述，我方认为，当代年轻人面对焦虑应该放自己一马。

（二辩、三辩略）

主席：经过刚才双方一、二、三辩的陈词，我们已经对双方的主要观点有了清楚的认识，接下来是最精彩的自由辩论环节。首先请正方发言。

正方：我想请问对方辩友，疫情防控期间，多名医护人员因过度劳累而离去，按照贵方的说法，那些人一开始就不应该奔赴抗疫一线吗？

反方：莫把悲歌当赞歌。作为一个奉献者，他们是伟大的。但是今天我们作为一个旁观者，不应该鼓吹牺牲。

正方：对方辩友，如果所有人都选择放自己一马，那么面对国家危难，我们怎么办，要坐视不理吗？

反方：舍己为人，这是一种高尚的品质，但这跟我们今天的辨题并没有直接关系，你们不要偷换概念。

正方：请问对方辩友，对于那些工作压力大的工作者，贵方认为他们没有逼自己一把的选择，而只能放自己一马，对吗？

反方：我方刚刚已经明确阐述了，退一步、放自己一马并不等同于放弃、不努力。对于工作压力大的工作者，他们可以选择去二、三线城市工作，稍微轻松一点，活得好一点。

正方：说到底，贵方倡导的还是不要肩负起社会的责任，只要自己过得好就行是吗？

反方：首先，工作压力并不等同于社会责任。其次，生活安稳轻松也并不代表不负责任。虽然一线城市工资高，但一线城市的花销是二、三线城市的好几倍，关于这一点，贵方怎么看呢？

主席：对不起，时间到。经过了刀来剑往、你争我夺的激烈争辩之后，现在到了双方四辩总结陈词的阶段。首先有请反方四辩总结陈词，时间4分钟。有请。

反方四辩：主席、各位评委，下午好！

年轻人逼自己一把，可能是徒劳的，只能增加焦虑。最新焦虑指数调查显示，焦虑的主要来源有：人生目标、学业事业、感情与家庭关系、物质金钱。那么请问对方辩友，对于感情和家庭关系方面的焦虑，我们应该怎样逼自己一把？那些躺在病床上垂死挣扎的病人，他们为自己的生死焦虑，他们又该怎样逼自己健康起来？部分贫困落后的国家，经济萎靡、领导人不作为、社区犯罪率暴涨，对于他们，逼自己一把，这些问题就会解决吗？统计显示，很多城市的房价已经远远超出居民可承受范围了，很多年轻人打一辈子工也难以实现在大城市安居的梦想，只能望"房"兴叹。面对这种无力改变的事情，他们逼自己一把又有什么用呢？

人生要有目标、一定要成功、要成为精英，类似的话经常出现在人们口中，甚至在潜移默化中给我们洗了脑。但我们真的要跟那些成功人士比吗？功成名就的背后，或许不是避风港，而是另一座围城。人的欲望就像高山滚石一般，一旦开始，就停不下来了。逼自己一把之后，又会迎来更大的焦虑，而焦虑是无穷无尽的，那我们何不选择放自己一马呢？

调查显示，一、二线城市有90%的年轻人在加班，但只有10%的人拿到了该有的薪酬。焦虑的年轻人在经济实力与现实困难的巨大反差面前，逼自己一把，会因为处处碰壁而更加失望，还可能会越来越焦虑。横竖都焦虑，还不如放自己一马。欲望是无底洞，不要把自己逼成资本的棋子。

综上所述，我方坚持认为，面对焦虑，放自己一马，才会柳暗花明又一村。

主席：谢谢，现在我们请正方四辩发表总结陈词，时间也是4分钟。有请。

正方四辩：主席、评委，大家好！

在这里，请允许我重申我方的观点：当代年轻人面对焦虑应该逼自己一把。

对方辩友刚刚似乎混淆了一个概念，焦虑并不等同于焦虑症。我方一辩刚才也说了，焦虑是一种心理情绪，产生于人所面对的无法解决的困境；焦虑症则是一种心理疾病。我们今天讨论的辩题是"面对焦虑"，意在探讨平时我们每个人或多或少产生了这种常见情绪、常见心理后怎么办。

当代年轻人应该逼自己一把，"应该"二字，不是强求，不是必须，而是一种奋斗的观念，引领着我们年轻人前行。"逼"的古义是靠近，是怀着积极的态度去靠近目标，并不是怀着抗拒的情绪横冲直撞。

在面对可抗焦虑时，逼自己一把更容易成功；在面对不可抗焦虑时，我们也要逼自己一把，就算最后没有成功，我们也会为自己努力过而感到充盈、美好。

正常的焦虑可以激发个人潜能，教会人们约束自己，从而维护社会秩序。而如果面对焦虑，每次都选择放自己一马，则会产生惰性，很可能会使得事情发展到不可收拾的地步，还可能让我们躺在自己的舒适圈内一蹶不振。

有的人，放自己一马，他的身后是柔软的沙发。可有的人，放自己一马，他的身后是千尺的悬崖，他们不能退，也无路可退。再谈那些身后是沙发的人，我想问，沙发从何而来？你们所谓的舒适圈、所谓的退路，是你的父母、你的亲人，是这个社会上千千万万的人逼了自己一把为你们创造出来的！

最后，我想说，在这个飞速发展的时代，焦虑是这个时代送给我们年轻人的一份礼物。它教我们逼自己一把，它让我们知道，我们纵使还年轻，肩上也背负着前人、社会、国家乃至这个世界对我们的期望。期望是天上的月亮，伸手去摘月亮很难，低头去捡地上的六便士却很简单。我们应该去做正确的事而不是轻松的事。逼自己一把，脚踏实地，也要仰望星空。

主席：谢谢各位辩手的精彩表现，我们的辩论到此为止。下面我们将由大众评审团投票评出今天的最佳辩论队和最佳辩手。

（外围同学投票表决）

主席：最激动人心的时刻到了！我宣布，今天的最佳辩论队是——正方！今天的最佳辩手是——正方四辩！

教学反思

教学形式上，采取鱼缸式讨论法。这不仅有助于为学生创造学习环境，还有助于提高学生在课堂讨论中的参与度。打造理想教室和灵动课堂，有时可以适当地改变传统的教室座位布局。学生习惯于平时的课堂，突然采用一种全新的学习形式，会使他们产生特别的新鲜感，再加上每个同学都有任务，他们在整个课堂中会更加积极与兴奋。所以，偶尔改换一种学习形式，对提高学生的学习兴趣是有用的。

教学方式上，把课堂完全交给学生。尽管学生做课前的准备工作要花费很多的时间和精力，特别是主持人和辩论双方，但就是在这样的不断努力、不断改进、不断提升中，学生的各种能力得到了有效锻炼，学生的核心素养得到了有效的发展。作为教师，我们应该时刻谨记，我们的教鞭下有"瓦特"，我们的冷眼里有"牛顿"，我们的讥笑中有"爱迪生"，我们要好好留神，好好培养他们。

教学效果上，闪现了学生的思维火花。学生在论辩过程中，思维不断碰撞，灵感闪现，令人惊喜。比如："放自己一马，可以调整自己的方向，更好地向目标前进。""'放自己一马'不是躺平，不是放弃，而是一步一个脚印地追求自己想要的东西。"

当然，这堂课还有很多值得改进的方面，比如在辩论过程中，基本只有主持人和辩手在积极参与，其他同学绝大多数时间都只是扮演"听众"的角色，课堂参与度较低。

"抗疫时代的责任与担当"作文讲评
课堂实录（线上教学）

导入

师：相约云端，相约美好。同学们，我们在上周的作文课上，学习了任务驱动型作文的写作，大家一起来回顾一下任务驱动型作文的五步成文法是哪五步？下面老师请一位同学连麦回答。

生1：任务驱动型作文写作的第一步是"引"。文章要在开头部分引用所给材料的部分内容，或者概述事件。"引"的部分既要简明扼要，又要引出评述点。

第二步是"释"。也就是要解释评述的重点，鲜明地指出自己的态度、观点。这一部分也可以和前面的引用材料部分放在一起。

第三步是"议"。"议"指分析问题，论证中心论点。它的任务是通过分析，组织论据来论证论点的正确性。这一部分的论证层次要有严密的逻辑性。论点和论据的联系、论述的先后次序、推理过程都要根据事理的内在规律来考虑，要做到纲举目张、环环相扣，使观点和材料有机统一起来，以达到以理服人的效果。

第四步是"联"。"联"指"联系现实"。议论文的写作一定要具有时代性，要对现实生活有指导意义。在本论结束之后联系现实社会或者作者的生活实际，谈谈论点的现实意义，这样可以引发读者思考，或者发出呼告，引起读者的特别关注，以加深议论的力度。

第五步是"结"。"结"即做总结、下结论。这个结论是紧承前面的"联"而来的，从对现实生活的分析中得出结论，能有效提高读者的接受度，同时也能强化中心论点，首尾呼应，使全文成为一个不可分割的整体。

师：哪位同学补充一下？

生2：第三步的"议"一般可以分为三个小步骤。

第一，抓住材料中的人和事，就事论事，分析原因。

第二，在分析材料的基础上，点明问题的普遍意义、提出解决问题的措施。

第三，进行主体论证。采用"支撑句"（分论点）的形式进行道理论证和事实论证，从而达到论证观点的目的。

师：说得非常好，说明大家的学习是扎实的。

我们来小结一下，任务驱动型作文五步成文法是引、释、议、联、结。这五个部分的写作要求，简单概括就是：

引：简洁（简引材料、提出观点、褒贬分明）

释：突出（突出重点、提出观点、褒贬分明）

议：充分（正反对比、假设因果、点面层进）

联：紧扣（明晰原因、直指危害、阐明意义）

结：点题（寻找对策、倡议劝勉、呼吁号召）

学习活动一：原题分析

师："纸上得来终觉浅，绝知此事要躬行"。之前我给大家布置了一道作文题。现在请大家来重温一下这个题目。

（课件呈现作文题）

阅读下列材料，根据要求作文。

2022年3月，我县新冠肺炎疫情形式严峻，全县上下都投入到了抗击疫情的战斗中。投入这场抗疫战的，不仅有医生、县局各级领导、公安干警，更有默默在岗位上坚守的环卫工、社区志愿服务者等。为了取得抗疫胜利，我们应当尽量少出门，甚至不出门，积极配合抗疫各项工作。配合抗疫不仅是公民素质的体现，更是全县居民团结一心的体现。

疫情面前，你的态度是什么？你的做法又是什么？请你以"抗疫时代的责任与担当"为话题写一篇文章投稿到"崀山网"的"全民抗疫"栏目。要求：自拟标题，自选角度，确定立意，不要套作，不得抄袭，不少于800字。

写好之后把自己的文章做成美篇，或者添加配乐做成朗诵音频，或者以书法作品的形式向大家展示。

师：这是一篇有具体情境设置的任务驱动型作文。那么它的"驱动"又表现在哪里？写作上要注意什么？请同学们继续连麦谈谈自己的理解。

生3：材料里说"你的态度是什么？你的做法又是什么？"其实就是要求我们对这一场抗疫战表明自己的态度，抒发自己的感情，体现自己的思考，作文应该要表现我们在这一战中的责任与担当。

生4：我们可以记录抗疫者的事迹，可以发表自己的看法，可以就某件事进行评论。和一般的议论文相比，这篇文章更偏感性，可以考虑以感情和文采取胜。这是内容上的指令。

生5：同时写作还有对象指令。这是一篇投稿到"全民抗疫"栏目的文章，写作者的身份虽然没有明确指出，但其实就是指向青年学生的。所以我们要注意说话的口吻，态度要明确，对读者要尊敬，语言要真挚。

学习活动二：展示点评

师：我们的作文要求之一是写好之后把自己的文章做成美篇，或者添加配乐做成朗诵音频，或者以书法作品的形式向大家展示。我从同学们上交的作品中，每种类型都选取了一篇用于展示，展示过后其他同学可进行点评。首先展示的是何敏同学的配乐朗诵作品。

生6：（配乐朗诵自己的作品，背景音乐为《逆行的方向》）

"天使"的眼睛

新宁一中2108班　何敏

说星星亮的人，你是没见过抗疫时代"天使"的眼睛。

疫情突来，一场没有硝烟的战斗在我们新宁打响了。有句话说得很好：哪有什么岁月静好，只不过有人替你负重前行。战争年代，驰骋沙场的英雄辈出；和平年代，也有英雄，他们同样值得我们尊重。

在这场没有硝烟的"战争"里，有这样一群人，他们挺身而出，舍己为人，冒着被感染的风险服务他人；他们兢兢业业，为稳定社会秩序而不懈努力；他们默默无闻，用自己的行动温暖着一个又一个需要帮助的人。

危难之时，邵阳市内其他县的一千多名白衣天使纷纷驰援新宁，他们穿着密不透风的防护服，在各个医院东奔西跑，在隔离病房来回巡查。为了打赢抗击疫情的战争，白衣天使们辞父别母，离子离家，战斗在救护生命的最前沿。他们舍生忘死、夜以继日地付出，让危困的生命得以焕发生机；他们的仁心大爱，让千万个家庭于困境中看到了希望；他们无私奉献、勇于斗争，为我们守住了安康防线。一道道深深的印痕，是他们坚守"一线"的见证。涓涓细流汇聚成战胜疫情的惊涛骇浪，他们的眼里藏着纯粹而璀璨的光芒。

医院即医护人员的战场，在我们新宁的抗疫战争中，上至省里派来的专家，下至县里各医院的领导，都以钟南山院士为榜样。面对疫情，他们冷静、无畏、迎难而上，令人感动；他们负责、严谨、一丝不苟，令人敬仰。这样一群可敬的，对事业兢兢业业、一丝不苟的专家和医生，宛如人民健康的顶梁柱，为我们撑起安康大厦。他们的眼里藏着闪亮的光辉。

这个世界不存在超级英雄，更多的是闪着亮光的普通人。一方有难，八方支援。疫情之下，各行各业的人都以自己的方式战"疫"。春风社区一对夫妻24小时为医院送餐，只希望自己的饭菜能够为抗疫一线的医护人员送去温暖；公安干警们夜以继日，拿起体温枪在各个路口为民众测量体温，只为使回家的人多一份安全感；临时搭建的方舱医院里，首批物业志愿者连夜开展保洁工作，为需要的人提供"一方净土"……一群群"无名者"同心共战，他们的力量好似点点微弱的光斑汇聚成一束耀眼的光，他们眼里闪烁的光芒比星星更加明亮，更加灿烂。

我们手挽手刚锐如铁，我们肩并肩挺立如山，只要我们几十万颗心连起来，就没有过不去的坎坷。经过坎坷的我们放射出的光芒肯定璀璨夺目，肯定能使一切焕发生机。

说星星很亮的人，不妨去看看身边的"逆行者"的眼睛，他们眼中的光芒灿若骄阳。

师：她的文章有哪些方面的优点？主要存在哪些方面的问题？如果要你来修改，你觉得可以从哪些方面入手？请同学们思考2分钟，把自己的意见打在发言区。

师：同学们的意见我都看了。

我觉得下面这几条意见是比较中肯的：

围绕材料分析议论，观点明确，论证时事例和道理分析相结合，能有力地证明论点。

引—释—议—联—结，任务驱动类文章的结构特点比较明显，特别是分析材料和联系实际的两个部分写得很出彩，重点突出。

主体部分三个方面，前面两个方面写的都是医生，重复了，而且写医生时，应该先突出专家领导，再写前来驰援的其他县的医生。

文章用语较为生动形象。

标题初看像记叙类文章的题目，与议论文的标题要求不符。

论证的角度比较单调。

师：下面我们要欣赏的是赵雅萱同学的书法作品。请赵雅萱同学先朗读自己的文章，然后展示自己的书法作品。

生7：（朗读自己的作品后展示书法作品）

逆行者，向死而生

新宁一中2108班　赵雅萱

心在夜晚中死去，爱在黎明中重生。——题记

烛影摇晃，蜡油无声无息地滚落下来，滚落于托盘中。一根根细长的蜡烛，一团团燃烧的火焰，一颗颗圣洁的心。

抬头，凝视窗外，街道已渐渐恢复往日的热闹，回想前段时间，我不禁有些恍惚。

刚过完年不久，一切已重新开始，万物复苏、温暖祥和的春天，给每一个从严冬走过的人以希望。可是疫情，打破了新宁人们安宁的生活，新宁打起了一场没有硝烟的仗。

同时间赛跑，与病魔较量。一批批逆行者从市内各地奔赴新宁抗疫一线，众志成城，共克时艰，展示了奉献与牺牲的大无畏精神。他们全力以赴，为的是早日赢下这场没有硝烟的战争，守护全新宁、全邵阳人民的健康。他们在请战书上留下的红手印和签名，我们将牢记。他们都只是生活中不起眼的普通人，现在却勇敢地奔赴一线，他们坚毅的背影，我们将铭记。"愿得此身长报国，何须生入玉门关。"

疾风知劲草，烈火见真金。"牵挂随长发落下"背后聚少离多的家国情怀，无不感动着我们。汗水泡出的印记将被世人铭记，舍我其谁的逆行精神更值得我们学习。逆行是对知识与人格的双重考验，疫情是给卫生防疫系统出的考题，是群众觉悟与道德水准的考卷，疫区是党员干部的主考场。哪有什么岁月静好，不过是有人替你负重前行。

逆行是责任与担当。他们都是凡人，都有七情六欲，都害怕死亡、眷恋生命，但在这个特殊时期，崇高的信仰使他们选择了逆行，使他们挺身而出，将生死置之度外。因为使命，因为责任，因为担当，他们选择与新宁共渡难关。他们敢说、敢做、敢当，努力成为"民族的脊梁"。纵使个人能力有大有小，但这种甘于奉献、乐于奉献的精神，已然使他们成为高尚的人，纯粹的人，有道德的人，脱离了低级趣味的人，有益于人民的人。

334

生存还是毁灭，这是一个严肃的、令人们困扰不已的问题。但对于逆行者而言，这已不是一个值得深思的问题，因为他们已经用行动做出了回答。

逆行者，向死而生！

我不知道你是谁，但我知道你为了谁。——后记

师：她的文章和书法作品怎么样？请同学们思考2分钟，把自己的意见打在发言区。

（浏览发言区）

我觉得这几条意见是非常中肯的：

赵同学的毛笔字写得太好了，让人觉得神清气爽。

总分总式的结构非常严谨，让人眼前一亮；三个分论点从不同层面诠释主题，中心突出。

论证时引证法用得很好。

说理时融入了自己的情感，使文章生动可感。

文体特征不够明显，开头结尾更像抒情类散文。

任务驱动型作文的结构还不是很明显。

议论文没必要用"题记""后记"。

师：最后我们要欣赏的是美篇作品。

（文章及点评过程略）

其实我们今天推送的三篇文章是有一定的代表性的，很多同学在这次作文中也出现了一些问题。大家一起来看一

下，本次作文的主要问题有哪些？

第一，老师布置的是一篇任务驱动型作文，而在写作的时候，有一些同学对任务指令的解读不到位，写作任务未完成。那这篇文章的任务呢，其实集中在这一句话里面："你的态度是什么？你的做法又是什么？"所以我们写作时应该表明自己的态度，抒发自己的感情，体现自己的思考。少部分同学只罗列了抗疫事迹，没有联系自身来写，没有阐明责任与担当这个中心话题。

第二，分析阐述深度不够。一些同学在文中大量地列举事例，但是没有深入分析，即使分析了，说理也并不深刻，没有注意从不同层面去阐述。

第三，文章结构不清晰。有的直接引用材料过多，有的主体部分内容不够充实，有的缺结尾等。

总结

师：今天的这堂课，我们主要分析点评了三位同学的作文及其附属作品。操千曲而后晓声，观千剑而后识器，希望大家平时多练笔，熟练地掌握任务驱动型作文的写法。

今天的作业：请大家根据下面的表格评选出本次作文之"最"。评选时注意，书法组的同学评美篇组的作文之

"最"，美篇组的同学评配乐朗诵组的作文之"最"，配乐朗诵组的同学评书法组的作文之"最"。评选出来后发给我们的科代表，科代表统一把评选出来的作品投稿到"崀山网"。

项目	姓名	题目
最优秀的作文1		
最优秀的作文2		
最优秀的作文3		
最优秀的配乐朗诵作品		
最优秀的美篇作品		
最优秀的书法作品		

教学反思

如果课堂能够将学生的热情激发出来，那么学校所规定的功课就会被学生当作一件礼物来接受。

线上教学，尤其需要培养学生自觉、主动、积极地获取知识的自主学习能力。基于这样的认识，我在线上上作文讲评课"抗疫时代的责任与担当"时，尝试以任务驱动来激发学生自主学习的热情和兴趣；以自主探究来促使学生完成学习任务，各美其美；以互评互动来推动教学，美人之美；以交流分享来展示成果，美美与共。

作文讲评的重头戏是学生作品的分享展示。展示的有书法作品、配乐朗诵作品、美篇。在展示这些赏心悦目的作品的过程中，同学们感同身受、拍手叫绝，真正实现了在欣赏中感悟，在感悟中提高。

课后，同学们意犹未尽，纷纷留言："这会是一堂意义非凡的语文课""我会铭记""超级喜欢""受益匪浅""感触颇深"。对我来说，这同样是我教学生涯中一堂有代表性的作文讲评课，它完成了从"各美其美""美人之美"到"美美与共"的分享型课例探索。

后　记

不少朋友都知道，十多年来，我一直有一个习惯：每天早晨5点左右起床，然后晨练一个小时左右。

我的晨练方式是漫步，而且喜欢选择比较幽僻的地方漫步。我漫步不仅是为了活动筋骨，更为重要的是，我可以趁着头脑最为清醒的时刻思考一些问题，比如：我今天的语文课的教学内容是否合适？教学方法是否恰当？还可以采取更好的教学方式吗？要采取什么样的方式才能做到不是把课上到黑板上而是上进学生的心坎里？

评价一节课的好坏优劣没有一个固定的标准，因为各种各样的教学模式、教学方法、课堂结构，都有其优越性，也各有其局限性。但我想，不论是教材处理、目标定位、内容设计，还是教学方法、教学手段、课堂结构，一节课上，如果能充分调动学生学习的积极性，使学生思维活跃，学得轻松愉快，受益良多，那这样的课就一定是成功的课，一定是好课。在这种想法的支撑下，我才有了"灵动课堂"的构想，也才有了撰写本书的动力。

撰写之前，我一直在思考：高中语文课堂如何顺应形势的变化？新的教育背景下，高中语文课堂教学呼唤的是什么？我们需要的是什么样的课堂？我觉得，我们应该以"灵动课堂"为设计理念，强调学生的主体性，努力提高学生的思维能力，以有"灵性"的教学营造充满生机和活力的现代教学课堂，让课堂"生动"起来，让学生的口与脑"互动"起来。

本书主要从理论和实践两大方面对高中语文灵动课堂进行了粗浅的阐释。

第一、二章为方法指导篇，主要从理论层面阐释高中语文灵动课堂的重要性、主要特点和表现、建构艺术等。选编的内容主要来自两个方面：一是我近几年在省级以上刊物发表的与灵动课堂相关的论文的重新改写；二是我近几年给省内外中学语文教师培训时总结的与灵动课堂相关的讲学内容的节选。这两章共选编了十二篇文章：第一篇至第四篇为综述，第五、第六篇阐述灵动课堂"展示才华"的特性，第七篇阐述灵动课堂"绽放书声"的特性，第八篇至第十篇阐述灵动课堂"批判质疑"的特性，第十一篇阐述灵动课堂在其他方面的表现，最后一篇为总结。

第三、四章为实践运用篇，主要从实操层面对灵动课堂进行示范。教学设计精选所选内容主要来自三个方面：一是我近几年为省内外部分学校所上的示范课；二是我近几年参加省市相关教学比赛、集体备课大赛等的获奖教学案例；三是我的微信公众号"与子偕教"发布的部分精选内容。本部分共选编了十二篇教学设计，每一篇或两篇代表着灵动课堂设计的一个角度。每篇教学设计包括两个方面的内容，一是具体的教学设计，二是设计阐释。所选内容均来自统编新版高中语文教材，既有文学类作品（诗歌、散文、戏剧、小说），又有实用性文体（议论文、说明文、通讯等）；既有现代文，又有文言文；既有课文教学，又有语文综合性活动、整本书阅读教学等内容。整个章节以阅读教学为主，兼顾作文教学；单篇教学为主，兼顾群文教学；现场教学为主，兼顾线上教学。课堂实录精选选编了六篇，所选内容主要来自两个方面：一是我参评特级教师、正高级教师、芙蓉教学名师等的课堂实录；二是我在本校或者为其他学校所上的示范课、研讨课的课堂实录。实录的内容包括两个方面，一是具体的课堂实录，二是教学反思。

当然，"灵动课堂"是一个很广泛的概念，本书只是进行了一些零星的阐述。我希望，我的这些思考，以及这背后附着的我对于教学的热爱和执着，能够给读到此书的朋友们带去些许的触动。我真心期待能有更多的专家、老师投入到"灵动课堂"的研究之中。

我曾经看到过一本书《课大于天——李心泰老师教育教学实践研究》，当时在想，作者是不是故弄玄虚，但读了以后，不得不对作者的观点服膺。教师理应视课堂为教学的第一场所，在课堂里做文章；理应精心打磨每一节课，认真琢磨每一种类型的课。语文教学是一门艺术。如何更好地使用新教材，如何让我们的语文教学进一步适应新时代的要求，值得我们不懈努力。

世间一切都离不开因缘，在本书即将出版之际，我在此衷心感谢湖南省中学语文教学研究会会长、湖湘语文教育研究中心主任、湖南师范大学文学院张良田教授在百忙之中为本书作序，非常感谢梁恕俭、何泗忠、邹天顺、何国跻、罗日明、谭文淼、成少华、林凤华等名师为本书提供优秀的案例，特别感谢湖南人民出版社的鼎力支持，同时感谢我工作室罗颖、李芬华、倪冬云、蒋胜兰、张梦圆、江育红、周可等老师的全力帮助。

本书在撰写过程中，还参考了其他很多名师的设计，由于涉及情况比较复杂，没有逐一注明出处，敬请理解和支持。

真诚欢迎您在阅读过程中提出宝贵意见，以便我们共同进步。

2022年10月1日